中国語の句の意味構造

日本語構造伝達文法の適用

蒋 家義 著

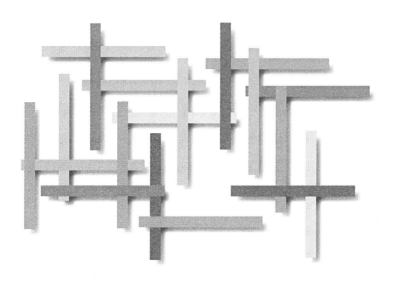

揺籃社

序

　蒋家義氏のこの本は，「日本語構造伝達文法」理論の普遍性の高い基本的な分析方法を中国語研究に適用し，中国語の新しい分析方法を生み出していることに意義があります。

　言語は事物の存在に対する人間の認識を反映しており，基本的に事物を捉える「名詞」と，その存在のあり方を捉える「動詞」と，両者の論理的関係を示す「格」によって形成されます。この3者の存在はあらゆる言語に共通すると考えられますが，「日本語構造伝達文法」では，この3者の関係を構造モデルによって可視化しています。

　この3者のうち「格」の表示法は言語によって異なっており，前置的要素によるもの，後置的要素によるもの，語順によるものがあります。日本語の格は，後置的格助詞によって示され，形態として把握しやすいのですが，中国語の格は，前置的介詞のほかに，音声的形態ではない語順などで示されることが多く，把握しにくいという問題があります。

　蒋家義氏は中国語の格を，先行研究における深層格の分類法を参考にして新たに捉えることを案出し，みごとに中国語の基本構造をモデルで表現することに成功しました。中国語話者の事態認識の基本が中国語の構造モデルで示されるようになったということができます。

　中国語は日本語と言語的特性を異にしていますが，蒋家義氏の実現した中国語の構造モデルを見ると，深層の構造は日本語と共通してい

ることがよく分かります。また日本語の構造モデルと同じく，単純で
美しいモデルになっていて感動します。

　蒋家義氏は，杏林大学大学院在学中よりこの課題に取り組み，並々
ならぬ努力の結果このような形で成果を発表できるようになりまし
た。これをお喜び申し上げます。また同時に，今後ますます研究が深
化していきますようお祈りしております。

　　2015 年 11 月

　　　　　　　　　　　　　　　　　　　　　　元杏林大学教授

　　　　　　　　　　　　　　　　　　　　　　今 泉 喜 一

目　次

序.. i

第 1 章　予備的考察................................. 1

　1　文の 4 つのレベル.............................. 2

　　1.1　第 1 レベル（深層格）....................... 2

　　1.2　第 2 レベル（表層格）....................... 2

　　1.3　第 3 レベル（文の成分）..................... 3

　　1.4　第 4 レベル（「主題－解説」構造）........... 5

　　1.5　中国語の表層格............................. 6

　2　中国語の文の図示法............................. 8

　　2.1　符号図示法................................. 8

　　2.2　枠式図示法................................. 9

　　2.3　黎錦熙の図示法............................ 10

　3　日本語構造伝達文法と新しい図示法............. 13

　　3.1　日本語構造伝達文法の内容と特徴............ 13

　　3.2　日本語構造伝達文法の基礎.................. 16

　　　3.2.1　構造モデル............................ 16

　　　3.2.2　時空モデル............................ 19

　　3.3　日本語構造伝達文法に基づく新しい図示法.... 21

　　　3.3.1　構造モデルの位置づけ.................. 21

iii

3.3.2　構造モデルに基づく新しい図示法........21

4　本書のねらいと考察対象.....................23

第2章　主述句...............................27

1　主述句の種類.............................28

1.1　体言性主述句.........................28

1.2　形容詞性主述句.......................29

1.3　動詞性主述句.........................31

2　深層格の分類.............................32

3　体言性主述句.............................36

3.1　体言性主述句の深層格.................36

3.2　体言性主述句の意味構造と図示.........40

4　形容詞性主述句...........................42

4.1　形容詞性主述句の深層格...............42

4.2　形容詞性主述句の意味構造と図示.......43

4.3　形容詞性主述句と連用修飾語...........44

5　一項動詞性主述句.........................45

5.1　一項動詞性主述句の深層格.............45

5.2　一項動詞性主述句の意味構造と図示.....47

5.3　一項動詞性主述句と付加成分...........48

5.4　一項動詞性主述句と連用修飾語.........50

6　まとめ...................................52

第3章　述目句...............................55

1　述目句とは.................................... 56

2　述語と目的語との意味関係.................... 57

3　格フレーム.................................... 58

　3.1　必須の実体と必須格...................... 58

　3.2　格フレームと格フレームのタイプ............ 60

4　二項動詞性主述句の意味構造.................. 70

　4.1　＜3＞施事＋V＋受事（V＝二項他動詞）........ 71

　4.2　＜4＞施事＋V＋結果（V＝二項他動詞）........ 73

　4.3　＜21＞施事＋V＋工具（V＝二項自動詞）........ 75

　4.4　＜23＞施事＋V＋方式（V＝二項自動詞）........ 76

　4.5　＜30＞当事＋V＋客事（V＝二項外動詞）........ 77

　4.6　＜37＞処所＋V＋当事（V＝二項内動詞）........ 79

5　まとめ——述目句の意味構造.................... 80

第4章　結果述補句................................ 85

1　述補句の種類.................................. 86

2　結果述補句を含む動詞性主述句の分類.......... 89

3　結果述補句を含む動詞性主述句の意味構造...... 90

　3.1　(8a)の意味構造.......................... 90

　3.2　(8b)の意味構造.......................... 93

　3.3　(8c)の意味構造.......................... 96

　3.4　(8d)の意味構造.......................... 102

　3.5　(8e)の意味構造.......................... 106

4　まとめ——結果述補句の意味構造.............. 109

v

あとがき..115

参考文献..117

索引..121

第 1 章

予備的考察

　本章は，予備的考察である。具体的に言えば，まずは，文を考察するために，深層格，表層格，文の成分，「主題−解説」構造といった文の 4 つのレベルを区別する可能性と必要性を主張する。次に，中国語の文の研究でよく利用されてきた符号図示法，枠式図示法，黎錦熙の図示法を検討する。その上で，日本語構造伝達文法の基礎，すなわち構造モデルと時空モデルについて論じ，日本語構造伝達文法に基づく新しい図示法を提示する。最後に，本書のねらいと考察対象を述べる。

第1章

1 文の4つのレベル

1つの文を考察するにあたって，まずは4つのレベルを区別することが必要である[1]。以下，日本語を例として論じる。

1.1 第1レベル（深層格）

第1レベルは，(1)[2]に示されるように，述語としての動詞や形容詞，形容動詞の表す事態において名詞や代名詞のさす事物が担う役割で，格文法でいう深層格のレベルである。(1)の述語動詞「食べる」の表す事態においては，名詞「花子」のさす事物が担う役割は，動作主で，名詞「パスタ」のさす事物が担う役割は，対象である。つまり，「花子」と「パスタ」の深層格は，それぞれ動作主と対象となっている。

(1)　花子が　　　　パスタを　　　　食べた。
　　　動作主　　　*対象*　　　　　　　　　　*深層格*

動作主，対象のほかには，状態主，着点，場所，手段，起点，相手などの深層格がある。

1.2 第2レベル（表層格）

第2レベルは，深層格を示す形式のレベルで，格文法でいう表層格のレベルである。日本語では，深層格を示す主な形式は，格助詞である。(2)では，格助詞「が」が動作主という深層格を，格助詞「を」が対象という深層格を示している。このような格助詞「が」と「を」は，表層格であり，それぞれ「が格」と「を格」というふうに呼ばれている。

予備的考察

(2) 花子が　　　パスタを　　　食べた。
　　　動作主　　*対象*　　　　　　*深層格*
　　　　が格　　　　*を格*　　　　　*表層格*

　「が格」，「を格」のほかには，「に格」，「で格」，「から格」，「と格」などの表層格がある。

　深層格と表層格は，一対一の関係にあるわけではない。例えば，(3a) では，動作主が「が格」によって，対象が「を格」によって示されているが，(3b) では，動作主が「に格」によって，対象が「が格」によって示されている。

(3) a　太郎が　　　次郎を　　　殴った。
　　　　動作主　　*対象*　　　　　　　*深層格*
　　　　　が格　　　*を格*　　　　　　*表層格*
　　b　次郎が　　　太郎に　　　殴られた。
　　　　対象　　　*動作主*　　　　　　*深層格*
　　　　　が格　　　*に格*　　　　　　*表層格*

　ちなみに，深層格を示す形式には，日本語の格助詞のような後置詞のほかに，ラテン語や古代ギリシア語に見られる語形変化，中国語の“介词”のような前置詞などがある。

1.3　第3レベル（文の成分）

　第3レベルは，(4) に示されるように，主語，述語，修飾語など，いわゆる文の成分のレベルである。文の成分は，文を構成している語句の統語

3

第1章

的・意味的特徴による分類である。

(4)　花子が　　　パスタを　　　食べた。
　　　動作主　　　対象　　　　　　　　　　深層格
　　　　が格　　　　を格　　　　　　　　表層格
　　　主語　　　　修飾語　　　述語　　文の成分

1.2 節で述べたように，深層格と表層格は，一対一の関係にはない。深層格と文の成分も一対一の関係にはない。例えば，(5a) では，動作主となっている「太郎」が主語に，対象となっている「次郎」が修飾語になっているが，(5b) では，同じく動作主となっている「太郎」が修飾語に，対象となっている「次郎」が主語になっている。

(5) a　太郎が　　　次郎を　　　殴った。
　　　　動作主　　　対象　　　　　　　　　　深層格
　　　　　が格　　　　を格　　　　　　　　表層格
　　　　主語　　　　修飾語　　　述語　　文の成分
　　 b　次郎が　　　太郎に　　　殴られた。
　　　　対象　　　　動作主　　　　　　　　深層格
　　　　　が格　　　　に格　　　　　　　　表層格
　　　　主語　　　　修飾語　　　述語　　文の成分

なお，(5a) の「太郎」と (5b) の「次郎」がともに「が格」を取って主語になっているので，「が格＝主語」のような対応関係が見られそうであるが，次の (6) に示されるように，「が格」を取っている「花子」と「パスタ」は，それぞれ主語と修飾語になっている。つまり，表層格と文の成

分も一対一の関係にあるわけではない。

(6) 花子が　　　　パスタが　　　　大好きだ。
　　　状態主　　　対象　　　　　　　　　　　深層格
　　　　が格　　　　　が格　　　　　　　　　表層格
　　　主語　　　　修飾語　　　　述語　　　文の成分

1.4　第4レベル（「主題－解説」構造）

　第4レベルは，(7) に示されるような「主題－解説」構造のレベルである。主題は，文が何について述べるのかを示す部分であるが，解説は，主題について述べる部分である。

(7) 花子は　　　　パスタを　　　　食べた。
　　　主題　　　└──────解説──────┘　　「主題－解説」構造

　日本語では，係助詞「は」が主題を示す形式である。中国語には，一部の"语气助词"（modal particles）や前置詞，ポーズなど，主題を示す形式や方法がある。
　深層格，表層格，文の成分の間には，一対一の関係が存在しないと 1.2 節と 1.3 節で述べた。(8) に示されるように，「主題－解説」構造は，深層格，表層格，文の成分のいずれとも一対一の関係にはない。

(8) a　花子は　　　　パスタを　　　　食べた。
　　　　動作主　　　対象　　　　　　　　　　　深層格
　　　　　（が格）　　　を格　　　　　　　　　表層格

第 1 章

	主語	*修飾語*	*述語*	文の成分
	主題		*解説*	「主題－解説」構造
b	パスタは	花子が	食べた。	
	対象	*動作主*		深層格
	（を格）	*が格*		表層格
	修飾語	*主語*	*述語*	文の成分
	主題		*解説*	「主題－解説」構造

　以上のように，1 つの文は，4 つのレベルに分けて考察することが可能
である。第 1 レベル（深層格），第 2 レベル（表層格），第 3 レベル（文の
成分），第 4 レベル（「主題－解説」構造）は，それぞれ意味，形態，統語，
語用といった文の異なった面に着目しており，4 つのレベルに分けたこと
で，文をより細かく考察することができるようになった。

1.5　中国語の表層格

　中国語学では，1980 年代に胡裕樹，張斌，范暁らによって提唱された
"三个平面理论"（「3 つの平面」理論）[3]が有名である。この理論の核心は，
文法を研究するにあたって，統語，意味，語用といった異なった面を区別
すべきであり，また，それらを互いに結びつけるべきでもあるという観点
にある。「3 つの平面」理論は，1990 年代に大きな展開を遂げた。現在は，
いわゆる "三维语法"（3 次元文法）に発展している。ただ，「3 つの平面」
理論，及び 3 次元文法は，本章で提示した第 2 レベル（表層格）を扱って
いない。これには，次のような原因が考えられる。

　すなわち，中国語学では，表層格よりも，深層格の研究が重視されてい
る。中国語に厳密な意味での語形変化がないという事実と，表層格が語形

変化を持つ屈折語の文法カテゴリーであるという観念から，孤立語の中国語には，その文法カテゴリーは，存在しないと考えている研究者が少なくないのである。

　これに対して，筆者は，語形変化のみならず，後置詞，前置詞，さらには無標の形式も深層格を示すことができ，中国語には，表層格が存在しており，しかも，その表層格には，無標の形式と有標の形式があると考える。無標の形式は，しばしば動作主や対象の深層格を示しているが，有標の形式は，"在"や"被"のような前置詞であり，動作主や対象を含めた様々な深層格を示している。無標の形式は，ゼロ格と呼び，有標の形式は，"在"格，"被"格などと呼ぶことにする。

　例えば，(9)では，無標のゼロ格は，動作主や対象を示しているが，有標の"在"格，"被"格，"把"格は，それぞれ場所，動作主，対象を示している。

(9) a　在学校，　　　太郎　　　打了　　　　次郎。
　　　　場所　　　*動作主*　　　　　　*対象*　　　*深層格*
　　　　"在"格　　*ゼロ格*　　　　　*ゼロ格*　　*表層格*
　　　前置詞-学校　太郎　殴った　次郎
　　　（学校で太郎が次郎を殴った。）

　　b　在学校，　　　次郎　　　被太郎　　　打了。
　　　　場所　　　*対象*　　　*動作主*　　　　　　*深層格*
　　　　"在"格　　*ゼロ格*　　*"被"格*　　　　　*表層格*
　　　前置詞-学校　次郎　前置詞-太郎　殴った
　　　（学校で次郎が太郎に殴られた。）

　　c　在学校，　　　太郎　　　把次郎　　　打了。
　　　　場所　　　*動作主*　　　*対象*　　　　　　*深層格*

第1章

"在"格　　　ゼロ格　　"把"格　　　　　　　表層格

前置詞-学校　太郎　前置詞-次郎　殴った

（学校で太郎が次郎を殴った。）

2　中国語の文の図示法

　文の4つのレベルを区別して文の研究をするにあたって，妥当で明晰な記述と説明のために，図示法を活用することができる。中国語の文に関しては，文成分分析法で使われる符号図示法，段階分析法で使われる枠式図示法，黎錦熙の図示法がよく利用されてきた。

2.1　符号図示法

　"句子成分分析法"（文成分分析法）は，文の分析法の1つで，文の成分を確認することによって，文の構成を分析するものである。文成分分析法で使われる図示法は，多くの符号を使うので，"符号図解法"（符号図示法）と呼ばれている。

　例えば，（10）では，二重下線"＿＿"で"主语"（主語）を示し，一重下線"＿＿"で"述语"（述語）を，波線"＿＿"で"宾语"（目的語）を，丸括弧"（　）"で"定语"（連体修飾語）を，角括弧"［　］"で"状语"（連用修飾語）を，突起括弧"〈　〉"で"补语"（補語のことで，述語について補足説明する成分である。詳しくは，第4章「結果述補句」を参照されたい）を，縦二重線"‖"で主語と述語部分との境界を示している。

　　（10）花子 ‖ ［毎周］ 吃 〈一次〉（日式） 意大利面。

予備的考察

花子　毎週　食べる　1回　和風　パスタ

（花子は週1回，和風パスタを食べる。）

　研究者によって，文の成分を示す符号がかなり変わることもある。例えば，劉・潘・故（2001: 23）は，（11）に示されるように，"＿＿"で述語を，"＿＿"で目的語を，"〈　　〉"で連用修飾語を，"［　　］"で補語を示している。

　　（11）花子 ‖ 〈毎周〉 吃 ［一次］（日式） 意大利面。

2.2　枠式図示法

　"層次分析法"（段階分析法）は，"直接成分分析法"（直接構成素分析法）とも呼ばれており，文成分分析法より文の階層性を重視している。段階分析法は，文全体を2つの大きな直接構成素に分けて両者の関係を確認して，その2つの直接構成素をそれぞれまた2つの小さな直接構成素に分けて両者の関係を確認して，というふうに繰り返すことによって，文の構成を分析するものである。

　例えば，（11）の"花子毎周吃一次日式意大利面。"は，（12）のように，まずは"主谓"（主語と述語部分。"主"は，"主语"の略語である。"谓"は，"谓语"の略語で，述語部分のことである。）関係を構成する直接構成素"花子"と直接構成素"毎周吃一次日式意大利面"に分け，その"毎周吃一次日式意大利面"を"状中"（連用修飾語と被修飾語。"状"は，"状语"の略語である。"中"は，"中心语"の略語で，連体修飾語や連用修飾語の被修飾語のことである。）関係を構成する"毎周"と"吃一次日式意大利面"に分け，"吃一次日式意大利面"を"述宾"（述語と目的語。"述"

9

第 1 章

は，"述语"の略語で，"宾"は，"宾语"の略語である。"谓语"が"主语"の対概念であるのに対して，"述语"は，"谓语"の主要部であるが，"宾语"の対概念である。）関係を構成する"吃一次"と"日式意大利面"に分け，"吃一次"を"述补"（述語と補語。"补"は，"补语"の略語である。）関係を構成する"吃"と"一次"に分け，"日式意大利面"を"定中"（連体修飾語と被修飾語。"定"は，"定语"の略語である。）関係を構成する"日式"と"意大利面"に分けるというふうに，段階分析法によって分析することができる。

こうした図示法は，"框式图解法"（枠式図示法）と呼ばれている。

2.3 黎錦熙の図示法

中国語学において，初めて図示法を導入して文の分析を行ったのは，黎錦熙の《新著国語文法》[4]である（邵 2006: 80）。黎の図示法は，図 1 のようなものである。

ここでは，具体例を通して黎の図示法を見ておく。まずは (13) である。(13) の図示は，図 2 のようになる。図中の"主语的形容附加语"とは，主語の連体修飾語のことであり，"宾语的形容附加语"とは，目的語の連体修飾語のことである。

予備的考察

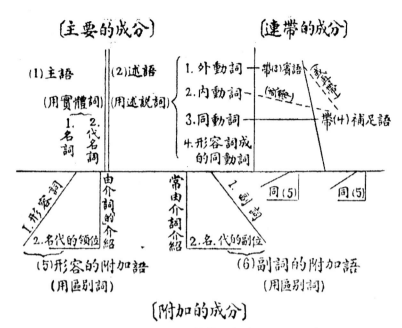

図1　黎式図示法の総体的公式（黎 1924: 27）

(13) 许多　强壮的　工人，造　一座　长的　铁　桥。（黎 1924: 23）
　　　たくさん　屈強な　労働者　建造する　1本　長い　鉄　橋

（たくさんの屈強な労働者が長い鉄橋を建造している。）

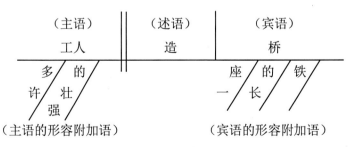

図2　黎式図示法による（13）の図示（黎 1924: 23）

11

第 1 章

次は，(14) である。(14) の図示は，図 3 のようになる。図中の"述语的副词附加语"とは，述語の連用修飾語のことである。

(14) 工人　辛辛苦苦的　赶紧　修造　铁桥。(黎 1924: 25)
　　　 労働者　骨身を惜しまず　急いで　建造する　鉄橋
　　　(労働者が骨身を惜しまず，急いで鉄橋を建造している。)

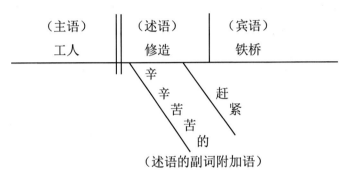

図 3　黎式図示法による (14) の図示 (黎 1924: 25)

黎の図示法は，主として文の成分を示しているが，(15) の図示 (図 4) に示されるように，文の成分のみならず，"我"と"你"の間，"多读"と"多看"と"多说"の間，"国语文"と"国音字母"と"国语会话"と"国语文法"の間の"联合"(並列) 関係を示すこともできる。

(15) 我 和 你 都 应该 多 读、多 看、而且
　　 多 说 那些 国语文、国音字母、以及 国语会话、
　　 国语文法。(黎 1924: 226)
　　　私 と 君 みな べきだ 多く 読む 多く 見る しかも
　　　多く 話す それら 国文 ピンイン 及び 国語会話 国語文法

（私と君はみな，国文，ピンイン，国語会話，及び国語文法を
多く読んだり話したりしなければならない。）

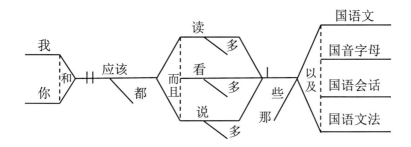

図4　黎式図示法による（15）の図示（黎 1924: 227）

3　日本語構造伝達文法と新しい図示法

符号図示法，枠式図示法，黎の図示法は，主として文の成分を示していることになるが，文の成分のみならず，深層格や表層格，「主題－解説」構造を具現化する図示法が望ましい。本節では，この条件を満たすと考えられる日本語構造伝達文法に基づく新しい図示法を提示する。

3.1　日本語構造伝達文法の内容と特徴

日本語構造伝達文法は，元杏林大学教授の今泉喜一博士が在職中に提唱したもので，「日本語の現象を立体構造モデルと時の流れのモデルを用いて説明する，新しい発想による（説明）文法」[5]である。

今泉は，大学院時代（1973年～1975年，東京外国語大学）に日本語構造伝達文法を発想し，「日本語構造文法」と題する修士学位論文を書いた。1995年3月に「日本語構造伝達文法・序論」と題する論文（1995年，『杏

第 1 章

林大学外国語学部紀要』第 7 号）を発表し，正式に日本語構造伝達文法を
提起した。

　日本語構造伝達文法に関する研究成果は，著書としても出版された。
2000 年 1 月に今泉は，1995 年から 1999 年に至るまでの研究をまとめ，
『日本語構造伝達文法』と題する著書（2000 年，揺籃社，ISBN:
4897081475）を出版した。2003 年 8 月にその後の研究をまとめた『日本
語構造伝達文法 発展 A』（2003 年，揺籃社，ISBN: 4897082056）を出版
した。2009 年 11 月に「日本語態構造の研究」と題する博士学位論文を加
筆・修正した『日本語態構造の研究——日本語構造伝達文法 発展 B——』
（2009 年，晃洋書房，ISBN: 9784771020931）を出版した。2014 年 2
月に『主語と時相と活用と－日本語構造伝達文法・発展 C－』（2014 年，
揺籃社，ISBN: 9784897083377）を出版した。

　そのうち，『日本語構造伝達文法』は，2005 年 9 月に改訂し，『日本語
構造伝達文法 改訂 05 年版』（2005 年，揺籃社，ISBN: 4897082285）と
して出版され，2012 年 5 月に再び改訂し，『日本語構造伝達文法 改訂 12
年版』（2012 年，揺籃社，ISBN: 9784897083117）として出版された。

　ここでは，『日本語構造伝達文法 改訂 12 年版』，『日本語構造伝達文法 発
展 A』，『日本語態構造の研究——日本語構造伝達文法 発展 B——』，『主
語と時相と活用と－日本語構造伝達文法・発展 C－』（以下，それぞれを
『改訂 12 年版』，『発展 A』，『発展 B』，『発展 C』と略称する）の目次を
取り上げて，日本語構造伝達文法の内容を概観する。

　『改訂 12 年版』，『発展 A』，『発展 B』，『発展 C』は，合計 1200 ページ
余りである。『改訂 12 年版』には，13 部 42 章があり，『発展 A』には，8
部 19 章があり，『発展 B』には，3 部 9 章があり，『発展 C』には，4 部
12 章がある。表 1 に示したように，日本語構造伝達文法は，品詞（第Ⅱ
部），ヴォイス（第Ⅲ部，BⅠ部，BⅡ部，BⅢ部），アスペクト（第Ⅳ部，

予備的考察

表1 『改訂12年版』，『発展A』，『発展B』，『発展C』の目次

『改訂12年版』	『発展A』	『発展B』	『発展C』
第Ⅰ部 構造モデル	AⅠ部 主格，を格	BⅠ部 原因態・許容態	CⅠ部 日本語構造の基本
第Ⅱ部 要素分類	AⅡ部 テ，タ	B1章 出来事は4種類	C1章 日本語の主語
第Ⅲ部 態（ヴォイス）	AⅢ部 複文（1）条件表現（1）	B2章 原因態 -(s)as-	C2章 疲れる文（因果の複主体）
第Ⅳ部 アスペクト（局面指示体系）	AⅣ部 複文（2）まえ・あと・とき	B3章 許容態 -e-	C3章 同格複実体描写
第Ⅴ部 テンスとアスペクト（時と局面）	AⅤ部 複文（3）従文のテンスとアスペクト	B4章 複合原因態 -(s)as-e-	C4章 うなぎ文（形式断定基） C5章 活用
第Ⅵ部 「ある」と「いる」	AⅥ部 複文（4）実体修飾法（1）	BⅡ部 許容態の語幹化（二段・一段化） B5章 動詞二段活用の発生と一段化	CⅡ部 日本語慣用構造 C6章 接続の構造（1）（理流・論流）
第Ⅶ部 複主体	AⅦ部 諸題	B6章 許容態の音声的前提	C7章 接続の構造（2）（接続力）
第Ⅷ部 否定（1）時空否定	AⅧ部 構造練習帳（1）	B7章 許容態の発生と展開	C8章 挨拶表現の構造
第Ⅸ部 否定（2）否定基本構造と描写		BⅢ部 態拡張による新動詞の発生	CⅢ部 日本語の時相
第Ⅹ部 否定（3）否定構造		B8章 動詞態拡張24方式	C9章 古代語の時相
第ⅩⅠ部 否定（4）否定諸題		B9章 動詞態拡張各方式	C10章 日常の中の時相（1）
第ⅩⅡ部 「の」			C11章 日常の中の時相（2）
第ⅩⅢ部 諸題			CⅣ部 発話 C12章 発話構成6要素

15

第 1 章

第Ⅴ部，AⅣ部，AⅤ部，CⅢ部），テンス（第Ⅴ部，AⅣ部，AⅤ部，
CⅢ部），否定（第Ⅷ部，第Ⅸ部，第Ⅹ部，第ⅩⅠ部），修飾構造（第ⅩⅡ
部，AⅥ部），格（AⅠ部），条件表現（AⅢ部），活用（CⅠ部），モダリ
ティ（CⅣ部）など，幅広い内容を扱っている。なお，第ⅩⅢ部，AⅦ部，
CⅠ部では，数量詞，やりもらい，多義文，主語，うなぎ文なども扱って
いる。

　日本語構造伝達文法の大きな特徴としては，次の 3 点が挙げられる。①
日本語構造伝達文法は，今泉が独自の言語観に基づいて唱えた斬新な文法
理論であり，体系的で完成度の高い日本語文法でもある。②立体的なモデ
ルで線状性の言語の仕組みを可視的に分析している。③切り離しては考え
られないテンスとアスペクトを統合して扱っている。

　次の節で日本語構造伝達文法の基礎を論じる。日本語構造伝達文法の全
貌については，原著を参照されたい。

3.2　日本語構造伝達文法の基礎

　日本語構造伝達文法では，構造モデルと時空モデルの 2 種類のモデルが
設定されている。構造モデルと時空モデルは，日本語構造伝達文法の基礎
となっている。

3.2.1　構造モデル

　構造モデルとは，「言語表現の前提となる判断の形をモデル化したもの
で，ことばの一つひとつの要素（形態素）がどのような関係で結びついて
いるのかを示すためのモデル」である（今泉 2012: 2）。構造モデルの詳細
については，今泉（2012: 1-102）を参照されたいが，ここで構造モデルを
簡単に説明しておく。

構造モデルは，図 5 のような立体図，または立体図を簡略化した平面図で表示されている。

図 5　構造モデルの基本（今泉 2012: 14）

構造モデル（平面図の場合）では，水平線が実体（主体や客体）の属性を示し，水平線と十字をなして交差している垂直線がその属性の主体を示し，水平線と横倒れの T 字をなして接している垂直線がその属性の客体を示している。以下，構造モデルの具体例を見ていく。

（16）太郎がバスで学校に行った。

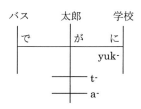

図 6　（16）の構造モデル

図 6 は，（16）の構造モデルである。図 6 では，長い水平線が実体「太郎」，「バス」，「学校」の属性「yuk-（行く）」を示し，水平線と十字をなして交差している垂直線が主体「太郎」を示し，水平線と横倒れの T 字を

第1章

なして接している2本の垂直線がそれぞれ客体「バス」と「学校」を示し，水平線と垂直線との交点または接点のところに書いた「が」，「で」，「に」がそれぞれ「太郎」の深層格「動作主」，「バス」の深層格「手段」，「学校」の深層格「着点」を示している。

2本の短い水平線は，それぞれ「t-」と「a-」の表すアスペクト的な意味を示している。「t-」は，「開始後」を表し，「a-」は，「存在」を表し，「t-」と結合して「完了（後）」を表しており，いずれも「行った」の「た」から分解された形態素である。このような短い水平線は，長い水平線の示す属性を補助し，アスペクトのほかに，ヴォイス，テンス，肯否，丁寧度などの補助属性を示すものもある。

(17) 彼は図書館で本を読みました。

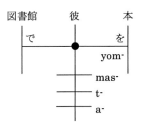

図7　(17)の構造モデル

図7は，(17)の構造モデルである。図7では，長い水平線が実体「彼」，「図書館」，「本」の属性「yom-（読む）」を示し，水平線と十字をなして交差している垂直線が主体「彼」を示し，水平線と横倒れのT字をなして接している2本の垂直線がそれぞれ客体「図書館」と「本」を示し，水平線と垂直線との接点のところに書いた「で」，「を」がそれぞれ「図書館」

の深層格「場所」,「本」の深層格「対象」を示している。水平線と垂直線との交点についた「●」は，名詞「彼」が主題であることを示している。

3本の短い水平線は,「mas-」が丁寧度を示し,「t-」と「a-」がアスペクト的な意味を示している。「mas-」は，丁寧さを表し,「t-」は,「開始後」を表し,「a-」は,「t-」と結合して「完了（後）」を表しており，いずれも「読みました」の「ました」から分解された形態素である。

また，図6と図7に示されたように，構造モデルでは，主体，客体，深層格の名称は，漢字・仮名の表記となっているが，属性，補助属性の名称は，ローマ字の表記となっている。

3.2.2 時空モデル

時空モデルは,「人間が現実の事態を理解しようとする際に行うであろう現実の再構成——諸対象の記号化と関係づけ——をモデル化したもの」であり（今泉 2012: 2），時間における事態の位置づけを扱っている。ここで時空モデルを簡単に説明しておく。時空モデルの詳細については，今泉（2003: 70-78, 2012: 117-160）を参照されたい。

時空モデルは，図8のように表示されている。

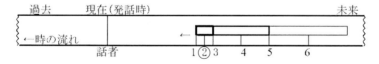

図8　時空モデルの一例（(18)の時空モデル）（今泉 2012: 145）

時空モデルでは，川の流れのように，時間が未来から話者の立っている現在を経て，過去へと流れていく。時間の流れに乗った事態は，川の上に

第 1 章

浮かんでいる舟のように，未来から現在に近づいてきて，そばを通り過ぎ，過去へと運ばれていく。

　時空モデルは，主として事態のテンス，アスペクト的な意味を示している。テンス的な意味は，事態の舟の位置で示されている。舟が話者の右側にあれば，事態が未来にあり，舟が話者の立っているところにあれば，事態が現在に進行しており，舟が話者の左側にあれば，事態が過去になっている。アスペクト的な意味は，事態の舟に書いてある数字で示されている。数字 1 が開始を，2 が進行を，3 が完了／進行完了を，4 が結果状態継続を，5 が結果状態継続完了を，6 が結果記憶を示している。

　以下，時空モデルの具体例を見ていく。

　　（18）明日の 14 時ごろ，彼は図書館で本を読んでいる。

　（18）の事態がテンスとしては未来，アスペクトとしては進行中であるので，図 8 は，そのまま（18）の時空モデルを表示することができる。この時空モデルでは，未来は，事態の舟が話者の右側にあることで示されているが，進行は，○のついた数字 2 で示されている。

　　（19）昨日の 14 時ごろ，彼は図書館で本を読んでいた。

図 9　（19）の時空モデル（今泉 2012: 147）

　（19）の事態が過去の進行中であるので，図 9 は，（19）の時空モデル

となっている。この時空モデルでは，過去は，事態の舟が話者の左側にあることで示されているが，進行は，○のついた数字2で示されている。

3.3 日本語構造伝達文法に基づく新しい図示法
3.3.1 構造モデルの位置づけ

人間の脳は，鏡のように実際の世界を映すのではなく，認知というフィルターを通してアレンジされた世界を映している。アレンジされた世界は，文の意味の元となっている。

日本語構造伝達文法の構造モデルは，主として文の意味構造を示しており，文の意味構造の立体的な再現であり，アレンジされた世界の投影でもある。最終的には，構造モデルは，認知と関連づけられる。こうした流れでの構造モデルの位置づけは，図10のようになる。

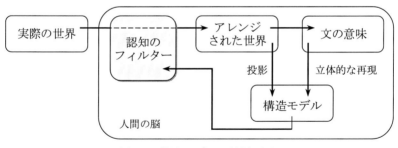

図 10　構造モデルの位置づけ

3.3.2 構造モデルに基づく新しい図示法

さて，深層格や表層格，「主題－解説」構造を具現化する図示法が望ましいと述べたが，3.2.1節の検討から分かるように，構造モデルは，深層格，表層格，「主題－解説」構造を含めて，文の意味構造を示すことがで

第1章

きる。したがって，構造モデルに基づく新しい図示法は，以上の条件を満
たすと考えられる。

　新しい図示法は，図6と図7のような日本語構造伝達文法の構造モデル
を取り入れるが，それを中国語に適用するには，次のような説明と「アレ
ンジ」を加える必要がある。

　①属性は，述語としての動詞や形容詞の表す事態（動作または状態）に
相当している。

　②主体は，事態の成立に必須の実体である。

　③すべての事態に客体が現れるわけではないが，客体は，主体以外の事
態の成立に必須・非必須の実体である。

　④事態の成立に必須の実体が2つ以上ある場合，最も重要な，または認
識されやすい実体は，主体となっている。

　⑤属性，主体，客体は，それぞれ1つのまとまりとして認識されている
が，補助属性は，属性，主体，客体などに関する別個の情報（ヴォイス，
テンス，アスペクト，肯否，丁寧度など）である。

　⑥属性，補助属性の名称の表記をローマ字から漢字に変える。

　⑦用語「属性」と「補助属性」をそれぞれ「事態」と「補助事態」に置
き換える。

　⑧深層格は，述語の表す事態において主体や客体が担う役割と規定しな
おす。

　⑨深層格の名称の表記を「が」，「を」，「で」，「に」のような表層格から
「動作主」，「対象」，「手段」，「着点」のような深層格そのものの名称に変
える。

22

予備的考察

4 本書のねらいと考察対象

　構造モデルに基づく新しい図示法を使って中国語の句の意味構造を考察しながら，日本語構造伝達文法の中国語への適用を試みるのが本書のねらいである。

　中国語では，単語と単語とが結合して句を構成する際の文法規則は，句とほかの語句とが結合して文を構成する際の文法規則とほぼ同じである。しかも，中国語の句は，ほかの語句と結合して文になることができるし，単独で独立して文になることもできるので，文の土台であると考えられる。つまり，句の構造の考察によって，文の構造も明らかになるはずである。したがって，本書では，句に注目して論じる。

　句を構成する単語間の関係によって，中国語の句は，だいたい次の 7 タイプ6 に分かれる。そのうち，述補句，述目句，主述句が本書の考察対象となる。

　　　　“联合短语”（連合句：2 つ以上の単語が対等の関係にある）

　　　　　工人　农民　　　　　你　和　我
　　　　　労働者 農民　　　　　君　と　僕

　　　　　（労働者農民）　　　　（君と僕）

　　　　“偏正短语”（主従句：連体修飾語と被修飾語，または連用修飾語と被修飾語の関係にある）

　　　　　新　书　　　　　非常　漂亮
　　　　　新しい　本　　　　非常に　きれいだ

　　　　　（新しい本）　　　　（非常にきれいだ）

　　　　“述补短语”（述補句：述語と補語の関係にある）

　　　　　洗　干净　　　　　走　得　快

23

第1章

　　　　洗う　きれいだ　　　　歩く　補語標識　速い

　　　（きれいに洗う）　　　　（速く歩く）

"述宾短语"（述目句：述語と目的語の関係にある）

　　　吃　饭　　　　　　去　中国

　　　食べる　ご飯　　　　行く　中国

　　　（ご飯を食べる）　　　（中国に行く）

"主谓短语"（主述句：主語と述語部分の関係にある）

　　　身体　健康　　　　　他　北京人

　　　体　健康だ　　　　　　彼　北京の人

　　　（体が健康だ）　　　　（彼は[本籍が]北京の人だ）

"连动短语"（連動句：連続した動詞や動詞句が同じ主語を持っているという関係にある）

　　　站　着　看　　　　　打　电话　通知　他

　　　立つ　ている　見る　　掛ける　電話　知らせる　彼

　　　（立ったまま見る）　　（電話を掛けて彼に知らせる）

"兼语短语"[7]（兼語句：前の述目句の目的語が後ろの主述句の主語を兼ねているという関係にある）

　　　请　他　写　信　　　　　　喜欢　他　认真

　　　頼む　彼　書く　手紙　　　　好きだ　彼　誠実だ

　　　（彼に頼んで手紙を書いてもらう）　（彼が誠実なので好きだ）

24

注

1 これから述べようとする内容に関しては，村木（1991: 137-142, 175-176）と角田（2009: 177-239）に負うところが大きい。本章の第1レベル（深層格），第2レベル（表層格），第3レベル（文の成分），第4レベル（「主題－解説」構造）は，それぞれ村木（1991）の提示した意味統語論的なレベル，形態統語論的なレベル，機能統語論的なレベル，通達統語論的なレベルにあたり，角田（2009）の提示した意味役割のレベル，格のレベル，統語機能のレベル，情報構造のレベルにあたる。

2 本書の例文は，主として《(人机通用) 现代汉语动词大词典》，《汉语动词用法词典》，《HSK 中国汉语水平考试词汇大纲汉语 8000 词词典》，《商务馆学汉语词典》，《现代汉语词典（第 6 版)》から引用した（一部の語句の省略を行うことがある）。ごく一部は，ほかの参考文献から引用した例文，或いは作例である。

3 詳しくは，陳（2002: 353-375）を参照されたい。

4 1924 年初版。1943 年日本語翻訳版（題名：『黎氏支那語文法』，訳者：大阪外国語学校大陸語学研究所，出版：甲文堂書店）。

5 今泉のホームページによる。URL: http://www012.upp.so-net.ne.jp/nikodebu/ 最終確認日：2015 年 11 月 6 日。

6 それぞれの例と日本語訳は，鳥井（2008）による。

7 "兼语短语" は，句と句とが結合して構成された複雑な句である。

第2章

主述句

　本章では，前章「予備的考察」を踏まえ，中国語の主述句について考察する。まずは，主述句の下位類である体言性主述句，形容詞性主述句，動詞性主述句を論じる。次に，句の意味構造の分析に使う深層格の分類を述べる。その上で，体言性主述句，形容詞性主述句，動詞性主述句（一項動詞性主述句）の意味構造を分析し，それぞれの図示を描出する。最後に，要点をまとめる。

第 2 章

1 主述句の種類

"主谓短语"，すなわち主述句は，複数の語句が主語と述語部分の関係で結合して構成される句である。述語部分の主要部である述語の品詞性によって，"体词性"（体言性）主述句と"谓词性"（用言性）主述句に分かれる。

1.1 体言性主述句

体言性主述句の述語部分は，主語について，時間（日づけ，時刻，曜日，節気，祝日など），天気，本籍，数量（年齢，長さ，重さ，価格など），特徴，状況などを述べる[1]。

(1) a 明天 ‖ 二十六号

   明日　26 日

   （明日は 26 日だ）

   b 现在 ‖ 10 点 20 分

   今　10 時 20 分

   （今は 10 時 20 分だ）

   c 今天 ‖ 阴天

   今日　曇天

   （今日は曇天だ）

   d 他 ‖ 北京　人

   彼　北京　人

   （彼は［本籍が］北京の人だ）

   e 他 ‖ 二十五岁

   彼　25 歳

28

（彼は 25 歳だ）

f　一季 ‖ 三个　月

　　1 季　3 つ　月

　　（1 季は 3 ヶ月だ）

g　这　件　衣服 ‖ 120 元

　　この　枚　上着　120 元

　　（この上着は 120 元だ）

h　他　这个　人 ‖ 急性子

　　彼　この　人　せっかちな人

　　（彼はせっかちな人だ）

i　窗　外 ‖ 漆黑　一片

　　窓　外　真っ暗だ　一面

　　（窓の外は一面真っ暗だ）

　体言性主述句の述語は，名詞，名詞句，数量詞，数量詞句など，体言性のものである。例えば，(1) では，"阴天"，"急性子"は，名詞であり，"北京人"，"三个月"は，名詞句であり，"二十六号"，"10 点 20 分"，"二十五岁"，"120 元"は，数量詞であり，"漆黑一片"は，数量詞句である。

　(1) のような体言性主述句は，その形式を"{主語語句}{述語体言性語句}"と表示することができる。

1.2　形容詞性主述句

　用言性主述句は，さらに形容詞性主述句と動詞性主述句に分かれる。

　形容詞性主述句は，形容詞を述語の中核とする主述句である。その述語部分は，主語の性質や状態を描写している。

第 2 章

(2) a 石头 ‖ 重

石　重い

（石が重い）

b 身体 ‖ 健康

体　健康だ

（体が健康だ）

c 工作 ‖ 兢兢业业

仕事　こつこつとまじめだ

（仕事はまじめにこつこつする）

d 坐　火车 ‖ 安全

乗る　電車　安全だ

（電車を利用することは安全だ）

e 这里 的 人 ‖ 很　多

ここ　の　人　とても　多い

（ここにたくさんの人たちがいる）

f 这个　小孩 ‖ 很　聪明

この　子供　とても　聡明だ

（この子はとても聡明だ）

g 搭　汽车 ‖ 最　方便

乗る　自動車　最も　便利だ

（バスに乗ることが最も便利だ）

　　(2) のような形容詞性主述句は，その形式を "{主語語句} {述語形容詞性語句}" と表示することができる。

30

1.3　動詞性主述句

　動詞性主述句は，動詞を述語の中核とする主述句である。その述語部分
は，主語の関わる動作，状態などを述べている。

(3) a　大堤 ‖ 崩潰　了
　　　　堤防　崩壊する　た
　　　　（堤防が崩壊した）

　　b　人们 ‖ 奔跑　着
　　　　人々　走る　ている
　　　　（人々が走っている）

　　c　爸爸 ‖ 打　了　我
　　　　父　殴る　た　私
　　　　（父が私を殴った）

　　d　妈妈 ‖ 抱　着　孩子
　　　　母親　抱く　ている　子供
　　　　（母親が子供を抱いている）

　　e　新鲜　的　果汁 ‖ 很　有　营养
　　　　新鮮だ　の　ジュース　とても　持つ　栄養
　　　　（新鮮なジュースが栄養に富む）

　　f　我 ‖ 是　大学生
　　　　私　だ　大学生
　　　　（私が大学生だ）

　　g　父亲 ‖ 给　儿子　十块　钱
　　　　父親　与える　息子　10元　お金
　　　　（父親が息子に10元を与える）

第 2 章

h 冰箱 ‖ 修 好 了
　　冷蔵庫　修理する　し終わる　た
　　（冷蔵庫がちゃんと修理された）

i 他 ‖ 跑 得 很 快
　　彼　走る　補語標識　とても　速い
　　（彼はとても速く走る）

j 他 ‖ 非常 喜爱 文学
　　彼　非常に　愛好する　文学
　　（彼は文学が大好きだ）

2　深層格の分類

　主述句や述目句，述補句の意味構造を分析するには，深層格の情報が不可欠である。深層格は，動作主，対象，状態主，着点，場所，手段，起点，相手など，述語の表す事態において主体や客体が担う役割である。述語の表す事態と実体の深層格が分かれば，句の基本的な意味構造も分かる。ここでは，本書で使う深層格の分類を説明する。

　本書は，《动词大词典（人机通用）》（編集長魯川，副編集長王玲玲，中国物質出版社出版，1994 年。以下，魯・王（編）1994 と記す。）と《（人机通用）现代汉语动词大词典》[2]（編集長林杏光・王玲玲・孫徳金，北京語言学院出版社出版，1994 年。以下，林・王・孫（編）1994 と記す。）の提示した深層格の分類を使う。

　この分類は，魯・林（1989: 12-14）に基づいて修正されたものであり，"施事，当事，領事，受事，客事，結果，与事，同事，基准，系事，分事，数量，工具，材料，方式，范围，时间，处所，方向，依据，原因，目的"

の 22 種類となっている。

　中国語の深層格，またはそれにあたるものの分類を提示した研究は，少なくない。例えば，賈（1992: 225-231），史（1992: 83-89），傅（1994: 178-181），陳（1998: 26-27），孟・鄭・孟・蔡（1999: 8-12），劉（2005: 119），陳（2007: 15-16），邵・任・李・税・呉（2009: 194-197）などがある。本書が魯・王（編）（1994）と林・王・孫（編）（1994）の分類を選んだ理由は，この分類の妥当性が 2000 余り[3]の動詞の深層格を詳細に記述することによって，検証されたからである。

　以下，林・王・孫（編）（1994: 26-30）に基づいて，この 22 種類の深層格を簡単に説明する[4]。

　　施事＝自発的な動作，行為，状態の主体である。例えば "那个ぁの 人人 跑逃げる 了た"（あの人が逃げた）の "那个人" や，"哥哥兄 打殴る 弟弟弟"（兄が弟を殴る）の "哥哥" や，"她彼女 扮演扮する 白毛女白毛女"（彼女が白毛女の役を務める）の "她" である。

　　当事＝非自発的な動作，行為，状態の主体である。例えば "他彼 死死ぬ 了た"（彼が死んだ）の "他" や，"我私 碰见出会う 一个1っ 老古い 朋友友人"（私が古くからの友人に出会う）の "我" や，"小さん 王王 是だ 老师教員"（王さんが教員だ）の "小王" である。

　　領（领）事＝所有関係の主体である。例えば "我私 有持っ 一本1冊 书本"（私が 1 冊の本を持っている）の "我" や，"蜻蜓トンボ 有持っ 两对 2対 翅膀羽"（トンボが 2 対の羽を持つ）の "蜻蜓" である。

　　受事＝自発的な動作，行為に関わる客体である。例えば "哥哥兄 打殴る 弟弟弟"（兄が弟を殴る）の "弟弟" である。

　　客事＝非自発的な動作に関わる客体である。例えば "我私 碰见出会う 一

第 2 章

个_{1つ} 老_{古い} 朋友_{友人}"（私が古くからの友人に出会う）の"一个老朋友"や，"我_私 有_{持つ} 一本_{1冊} 书_本"（私が 1 冊の本を持っている）の"一本书"である。

結（结）果＝生じたり，引き起こしたり，達成したりする結果である。例えば"他_彼 创作_{創作する} 了_た 这个_{この} 剧本_{脚本}"（彼がこの脚本を創作した）の"这个剧本"や，"两个_{2つ} 人_人 产生_{生じる} 了_た 隔阂_{隔たり}"（2 人の間に隔たりができた）の"隔阂"である。

与（与）事＝利害関係にある客体である。例えば"老师_{先生} 送_{送る} 我_私 一支_{1本} 笔_筆"（先生が私にペンをくれた）の"我"や，"老_{年取った} 先生_{先生} 指点_{指導する} 过_{たことがある} 我_私"（老先生が私を指導したことがある）の"我"である。

同事＝相手にされる，或いは除外される客体である。例えば"我_私 联络_{連絡する} 了_た 几个_{いくつ} 同学_{同級生}"（私が同級生何人かに連絡した）の"几个同学"や，"我们_{私たち} 要_{なければならない} 团结_{団結する} 群众_{大衆}"（私たちが大衆と団結しなければならない）の"群众"である。

基準（准）＝比較，測定の目安となる客体である。例えば"她_{彼女} 比_{より} 我_私 跑_{走る} 得_{補語標識} 快_{速い}"（彼女が私より速く走れる）の"我"である。

系事＝主体の類別，身分，役割である。例えば"小_{さん} 王_王 是_だ 老师_{教員}"（王さんが教員だ）の"老师"や，"她_{彼女} 扮演_{扮する} 白毛女_{白毛女}"（彼女が白毛女の役を務める）の"白毛女"である。

分事＝領事の構成部分である。例えば"蜻蜓_{トンボ} 有_{持つ} 两对_{2対} 翅膀_羽"（トンボが 2 対の羽を持つ）の"两对翅膀"である。

数量＝数量，頻度である。例えば"秘书_{秘書} 喝_{飲む} 了_た 一杯_{1杯}"（秘書が 1 杯飲んだ）の"一杯"や，"船队_{船団} 前进_{前進する} 了_た 一

百米百メートル”（船団が百メートル前進した）の“一百米”である。

工具＝使われる道具である。例えば“我私 吃食べる 小小さな 碗茶碗”（私が小さな茶碗で食べる）の“小碗”や，“她彼女 听聞く 半导体トランジスタラジオ”（彼女がトランジスタラジオで聞く）の“半导体”である。

材料＝使われる材料，消費される物資である。例えば“用で 煤气ガス 煮炊く 饭ご飯”（ガスでご飯を炊く）の“煤气”である。

方式＝使われる方法，形式である。例えば“我们私たち 下午午後 考試験する 口试口述試験”（午後，私たちが口述試験で受験する）の“口试”や，“大宝大宝 正在ちょうど 画描く 油画油絵”（大宝がちょうど油絵で絵を描いている）の“油画”である。

範囲（范围）＝関連する領域，範囲，及び伴う状況である。例えば“他们彼ら 讨论議論する 了た 这个この 问题問題”（彼らがこの問題について議論した）の“这个问题”や，“他彼 的の 作品作品 轰动沸き立つ 了た 艺术界芸術界”（彼の作品が芸術界を沸き立たせた）の“艺术界”である。

時間（时间）＝事態の起こる時点，或いは継続する期間である。例えば“老师先生 熬辛抱する 了た 一个1っ 通宵1晩中”（先生が1晩徹夜した）の“一个通宵”や，“全全部の 家家族 过過ごす 了た 一个1っ 团圆节中秋節”（家族全員が中秋節を過ごした）の“一个团圆节”である。

処所（处所）＝事態の起こる場所，状況，及び経過域である。例えば“奶奶おばあさん 住住む 里屋奥の部屋”（おばあさんが奥の部屋に住む）の“里屋”や，“他们彼ら 进入入る 这个この 洞洞窟”（彼らがこの洞窟に入る）の“这个洞”である。

第 2 章

方向＝時間や空間の方向である。例えば"大雁サカツラガン 朝ヘ 南南 飞飛ぶ"（サカツラガンが南へ飛ぶ）の"南"である。

依拠（据）＝拠り所である。例えば"我们私たち 遵照従う 上级上級機関 的の 指示指示"（私たちが上級機関の指示に従う）の"上级的指示"や，"他们彼ら 只ただ 能できる 吃食べる 救济救済"（彼らが救済だけに頼って生活する）の"救济"である。

原因＝事態を引き起こす原因である。例えば"她彼女 正ちょうど 愁悩む 路费旅费"（彼女が旅費で悩んでいる）の"路费"や，"他们彼ら 正在ちょうど 躲避避ける 炮弹砲弾"（彼らが砲弾を避けている）の"炮弹"である。

目的＝達成しようとする目標である。例えば"厂长工場長 跑走る 材料资材"（工場長が資材のために飛び回る）の"材料"や，"大家みんな 等待待つ 他彼 的の 消息便り"（みんなが彼からの便りを待つ）の"他的消息"である。

3 体言性主述句

3.1 体言性主述句の深層格

体言性主述句"{主語語句} {述語体言性語句}"では，述語（体言性語句）は，名詞，名詞句，数量詞，数量詞句など，体言性のものであり，その体言性のゆえに事態（動作または状態）を表しにくく，見かけの述語となっている。見かけの述語（体言性語句）が表すのは，実体である。

見かけの述語（体言性語句）は，事態を表しにくいが，事態は，存在しないというわけではない。主語のさす実体と，見かけの述語（体言性語句）のさす実体との間には，実体と実体をつなぐ役割をする事態が存在してい

主述句

る。

こうした事態を表すのは，無標であるが，繋辞にあたる二項動詞である。林・王・孫（編）（1994: 24-34）では，繋辞にあたる二項動詞を二項系属動詞と呼んでいる[5]。この無標の二項系属動詞は，体言性主述句の「本当の述語」として働いている。

「本当の述語」（無標の二項系属動詞）は，「見かけの述語」（体言性語句）とともに述目句 ｛(本当の) 述語（無標の）二項系属動詞｝｛目的語 (見かけの述語) 体言性語句｝を構成しており，「見かけの述語」（体言性語句）は，その目的語になっている。こうした述目句は，主語としての語句とともに二項系属動詞を述語とする二項動詞性主述句 "｛主語語句｝｛｛(本当の) 述語（無標の）二項系属動詞｝｛目的語 (見かけの述語) 体言性語句｝｝" を構成している。

このようにして，体言性主述句 "｛主語語句｝｛述語体言性語句｝" は，二項動詞性主述句 "｛主語語句｝｛｛(本当の) 述語（無標の）二項系属動詞｝｛目的語 (見かけの述語) 体言性語句｝｝" に変換される。後者は，前者と同じ意味構造を持っている。

実際には多くの体言性主述句は，（4）に示すように，述語部分に有標の二項系属動詞 "是" を加えて，意味構造を変えずに "是" を述語とする二項動詞性主述句に変換することができる。

(4) a　明天 ‖ 二十六号

　　　明日　26 日

　　　明天 ‖ 是　二十六号

　　　明日 だ 26 日

　　　（明日は 26 日だ）

　 b　現在 ‖ 10 点 20 分

　　　今　10 時 20 分

37

第 2 章

現在 ‖ 是 10 点 20 分
今 だ 10 時 20 分
（今は 10 時 20 分だ）

c 今天 ‖ 阴天
今日 曇天
今天 ‖ 是 阴天
今日 だ 曇天
（今日は曇天だ）

d 他 ‖ 北京 人
彼 北京 人
他 ‖ 是 北京 人
彼 だ 北京 人
（彼は［本籍が］北京の人だ）

e 他 ‖ 二十五岁
彼 25 歳
他 ‖ 是 二十五岁
彼 だ 25 歳
（彼は 25 歳だ）

f 一季 ‖ 三个 月
1 季 3 つ 月
一季 ‖ 是 三个 月
1 季 だ 3 つ 月
（1 季は 3 ヶ月だ）

g 这 件 衣服 ‖ 120 元
この 枚 上着 120 元
这 件 衣服 ‖ 是 120 元

38

　　　　この　　枚　　上着　だ　　120 元

　　　（この上着は 120 元だ）

　h　他　　这个　　人　‖　急性子

　　　　彼　　この　人　　せっかちな人

　　　他　　这个　　人　‖　是　急性子

　　　　彼　　この　人　だ　　せっかちな人

　　　（彼はせっかちな人だ）

　i　窗　　外　‖　漆黑　一片

　　　　窓　外　真っ暗だ　一面

　　　窗　　外　‖　是　漆黑　一片

　　　　窓　外　だ　真っ暗だ　一面

　　　（窓の外は一面真っ暗だ）

　二項動詞性主述句 "｛主語語句｝｛｛(本当の) 述語（無標の）二項系属動詞｝｛目的語 (見かけの述語) 体言性語句｝｝" では，二項系属動詞は，実体と実体をつなぐ役割をする系属的事態を表している。その成立に必須の実体は，主体と客体との 2 つあり，それぞれは，当事と系事の役割を担っている。

　　　当事＝非自発的な動作，行為，状態の主体である。
　　　系事＝主体の類別，身分，役割である。

　体言性主述句 "｛主語語句｝｛述語体言性語句｝" は，二項動詞性主述句 "｛主語語句｝｛｛(本当の) 述語（無標の）二項系属動詞｝｛目的語 (見かけの述語) 体言性語句｝｝" と同じ意味構造にあるので，体言性主述句には，系属的事態が存在しており，その成立に必須の実体も主体と客体との 2 つ（主語のさす実体と，見かけの述語（体言性語句）のさす実体）であり，主体と客体が担う役割（主体と客体の深層格）もそれぞれ当事と系事であると考えられる。

第2章

なお，体言性主述句"{_主語_語句}{_述語_体言性語句}"では，見かけの述語（体言性語句）のさす実体は，主語のさす実体の時間，天気，本籍，数量，特徴，状況などである。主語のさす実体は，見かけの述語（体言性語句）のさす実体より認識されやすく，主体となっている。

3.2　体言性主述句の意味構造と図示

以上をまとめると，次のようになる。体言性主述句"{_主語_語句}{_述語_体言性語句}"では，主語のさす実体が主体となり，「見かけの述語」（体言性語句）のさす実体が客体となり，「本当の述語」（無標の二項系属動詞）の表すことが系属的事態となっており，主体と客体の深層格は，それぞれ当事と系事となっている。つまり，体言性主述句は，"_当事_主体－_系属的_事態－_系事_客体"という意味構造6を持っている。

この意味構造は，図1のように，図示することができる。

図1　体言性主述句の意味構造の図示

図1では，水平線が系属的事態を示し，水平線と十字をなして交差している垂直線が主体を示し，水平線と横倒れのT字をなして接している垂直線が客体を示し，水平線と垂直線との交点または接点のところに書いた"当事"と"系事"がそれぞれ主体の深層格「当事」と客体の深層格「系事」を示している。

具体例（5＝1a, c, d, i）の意味構造の図示は，図2のようになる。

(5) a　明天 ‖ 二十六号
　　　　明日　26日
　　　（明日は26日だ）

　　b　今天 ‖ 阴天
　　　　今日　曇天
　　　（今日は曇天だ）

　　c　他 ‖ 北京　人
　　　　彼　北京　人
　　　（彼は[本籍が]北京の人だ）

　　d　窗　外 ‖ 漆黑　一片
　　　　窓　外　真っ暗だ　一面
　　　（窓の外は一面真っ暗だ）

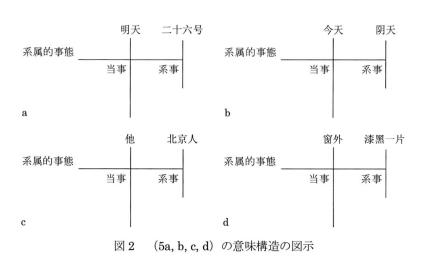

図2　（5a, b, c, d）の意味構造の図示

第2章

4 形容詞性主述句
4.1 形容詞性主述句の深層格

　以下の（6）に挙げる動詞は，林・王・孫（編）（1994: 23-34）では，
一項内動詞と呼ばれている。

>　（6）崩潰（崩壊する），波動（変動する），成熟（熟す），迟到（遅刻
>　　　する），出現（現れる），倒（倒れる），沸騰（沸騰する），及格（合
>　　　格する），破产（倒産する），失敗（失敗する），死亡（死亡する），
>　　　耸立（そびえ立つ），消失（消える），肿（はれる），作废（無効
>　　　になる）

　一項内動詞を述語の中核とする一項動詞性主述句 "{主語語句}{述語動詞
性語句}" では，述語は，（3a）の「（堤防が）崩壊する」のような，一項
内動詞的事態を表している。一項内動詞的事態は，非自発的でその影響が
直接客体に及ばないが，成立に必須の実体は，1つしかなく，当事の役割
を担う主体となっている。

>　　　*当事＝非自発的な動作，行為，状態の主体である。*

　形容詞性主述句 "{主語語句}{述語形容詞性語句}" では，形容詞を中核と
する述語は，形容詞的事態を表している。形容詞的事態は，（2）の「（石
が）重い」，「（体が）健康だ」，「（仕事が）こつこつとまじめだ」，「（電車
に乗ることが）安全だ」，「（人が）多い」，「（子供が）聡明だ」，「（自動車
に乗ることが）便利だ」のようなものであり，「非自発的である」，「事態
の影響が直接客体に及ばない」，「成立に必須の実体が主体のみである」など
どの特徴を持ち，一項内動詞的事態と類似していると考えられる。したが

42

って，形容詞性主述句では，形容詞的事態の主体が担う役割（主体の深層格）は，当事と見なすことができる。

4.2 形容詞性主述句の意味構造と図示

形容詞性主述句"{_主語_語句}{_述語_形容詞性語句}"では，主語のさす実体が主体と，形容詞を中核とする述語の表すことが形容詞的事態となっており，主体の深層格が当事である。つまり，形容詞性主述句は，"_当事_主体－_形容詞的_事態"という意味構造を持っている。

この意味構造は，図3のように，図示することができる。

図3　形容詞性主述句の意味構造の図示

図3では，水平線が形容詞的事態を示し，垂直線が主体を示し，交点のところに書いた"当事"が主体の深層格「当事」を示している。

具体例（7＝2a, b）の意味構造の図示は，図4のようになる。

(7) a　石头 ‖ 重
　　　石　重い
　　（石が重い）
　　b　身体 ‖ 健康
　　　体　健康だ

第 2 章

(体が健康だ)

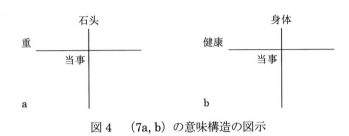

図 4　(7a, b) の意味構造の図示

4.3　形容詞性主述句と連用修飾語

"{_主語_語句}{_述語_形容詞性語句}"は，形容詞性主述句の基本的な形式であるが，述語は，しばしば連用修飾語によって修飾される。例えば，(8＝2f, g) では，副詞"很"と"最"が連用修飾語として述語の"聡明"と"方便"を修飾している[7]。こうした形容詞性主述句は，"{_主語_語句}{{_連用修飾語_語句}{_述語_形容詞性語句}}"という形式（{_主語_这个小孩}{{_連用修飾語_很}{_述語_聡明}}，{_主語_搭汽车}{{_連用修飾語_最}{_述語_方便}}）になっている。

(8)　a　这个　小孩 ‖ [很]　聡明
　　　　この　子供　とても　聡明だ
　　　　（この子はとても聡明だ）
　　b　搭　汽车 ‖ [最]　方便
　　　　乗る　自動車　最も　便利だ
　　　　（バスに乗ることが最も便利だ）

(8) の"很"と"最"が表すのは，1つのまとまりとして認識されている事態や主体，客体ではなく，事態の程度を限定する働きをする補助事態

である。(8)の形容詞性主述句は，"[当事]主体－[形容詞的]事態－[程度]補助事態"という意味構造（[当事]这个小孩－[形容詞的]聪明－[程度]很，[当事]搭汽车－[形容詞的]方便－[程度]最）を持っている。その図示は，図5のようになる。

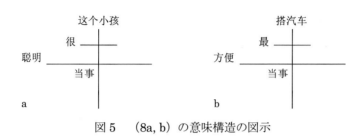

図5　(8a, b)の意味構造の図示

図5では，短い水平線が補助事態を示している。短い水平線と長い水平線との上下の順序は，連用修飾語と述語との語順に従っている。

5　一項動詞性主述句
5.1　一項動詞性主述句の深層格

(3)の動詞性主述句には，述語部分で述語のみを含むもの(3a, b)と，述語部分で述語以外に目的語または補語を含むもの(3c, d, e, f, g, h, i, j)がある。後者では，述語が目的語または補語とともに述目句または述補句を構成してから，主語がその述目句または述補句とともに動詞性主述句を構成している。本章では，前者の動詞性主述句を論じ，後者の動詞性主述句については，第3章「述目句」と第4章「結果述補句」に譲る。

述語部分で述語のみを含む動詞性主述句は，"{[主語]語句}{[述語]動詞性語句}"という形式になっている。こうした動詞性主述句の述語の中核となる動詞は，(9)に挙げるような一項動詞である。

第 2 章

(9) a 崩溃（崩壊する），波动（変動する），成熟（熟す），迟到（遅
刻する），出现（現れる），倒（倒れる），沸腾（沸騰する），
及格（合格する），破产（倒産する），失败（失敗する），死亡
（死亡する），耸立（そびえ立つ），消失（消える），肿（はれ
る），作废（無効になる）

b 奔跑（走る），出发（出発する），后退（退く），劳动（労働す
る），疗养（療養する），旅游（旅行する），起来（起きる），
前进（前進する），散步（散歩する），逃跑（逃走する），外出
（外出する），洗澡（入浴する），演讲（講演する），游行（行
進する），自杀（自殺する）

　（9a＝6）は，4.1 節で述べたように，林・王・孫（編）（1994: 23-34）
で一項内動詞と呼ばれており，（9b）は，同書で一項自動詞と呼ばれてい
る。
　一項内動詞を述語の中核とする一項動詞性主述句"{主語語句}{述語動詞
性語句}"では，述語は，（3a）の「(堤防が)崩壊する」のような，一項
内動詞的事態を表している。一項内動詞的事態は，非自発的でその影響が
直接客体に及ばず，成立に必須の実体は，1つしかなく，当事の役割を担
う主体となっている。

　　　　　当事＝非自発的な動作，行為，状態の主体である。

　一項自動詞を述語の中核とする一項動詞性主述句"{主語語句}{述語動詞
性語句}"では，述語は，（3b）の「(人々が)走る」のような，一項自動
詞的事態を表している。一項自動詞的事態は，自発的でその影響が直接客
体に及ばず，成立に必須の実体は，1つしかなく，施事の役割を担う主体

となっている。

施事＝自発的な動作，行為，状態の主体である。

つまり，一項内動詞または一項自動詞を述語の中核とする一項動詞性主述句"{₍主語₎語句}{₍述語₎動詞性語句}"（述語部分で述語のみを含む動詞性主述句）では，主体が担う役割（主体の深層格）は，当事または施事であると考えられる。

5.2 一項動詞性主述句の意味構造と図示

一項動詞性主述句"{₍主語₎語句}{₍述語₎動詞性語句}"では，主語のさす実体が主体となり，一項内動詞または一項自動詞を中核とする述語の表すことが一項内動詞的事態または一項自動詞的事態となっている。主体の深層格は，当事または施事である。つまり，一項動詞性主述句は，"₍当事₎主体ー₍一項内動詞的₎事態"または"₍施事₎主体ー₍一項自動詞的₎事態"という意味構造を持っている。

"₍当事₎主体ー₍一項内動詞的₎事態"と"₍施事₎主体ー₍一項自動詞的₎事態"は，それぞれ図6aと図6bのように，図示することができる。

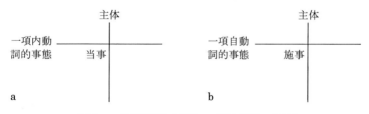

図6 一項動詞性主述句の意味構造の図示

図6では，水平線が一項内動詞的事態または一項自動詞的事態を示し，垂直線が主体を示し，交点のところに書いた"当事"と"施事"がそれぞ

第 2 章

れ主体の深層格「当事」と「施事」を示している。

具体例（10a）と（10b）の意味構造は，それぞれ "当事大堤－一項内動詞的崩溃"，"施事人们－一項自動詞的奔跑" である。図示は，図 7 のようになる。

(10) a 大堤 ‖ 崩溃
　　　　堤防　崩壊する
　　　　（堤防が崩壊する）
　　 b 人们 ‖ 奔跑
　　　　人々　走る
　　　　（人々が走る）

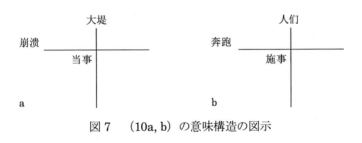

図 7 　（10a, b）の意味構造の図示

5.3 　一項動詞性主述句と付加成分

一項動詞性主述句では，一項内動詞または一項自動詞の直後に助詞 "了"（…した），"着"（…している），"过"（…したことがある）が来ることが多い。"了"，"着"，"过" は，動詞とともに何らかの句を構成するのではなく，動詞の付加成分であり，開始，進行，完了，結果状態継続，結果記憶など，アスペクト的な意味（事態の時間的局面）を表している。

例えば，（11a＝3a）の "了" と（11b＝3b）の "着" は，一般に，それぞれ完了と進行を表していると考えられる。

(11) a　大堤 ‖ 崩溃　了
　　　　堤防　崩壊する　た
　　　（堤防が崩壊した）

　　b　人们 ‖ 奔跑　着
　　　　人々　走る　ている
　　　（人々が走っている）

　(11)の一項動詞性主述句の形式は，"{_主語_語句}{_述語_動詞性語句+助詞}"（{_主語_大堤}{_述語_崩溃+了}，{_主語_人们}{_述語_奔跑+着}）と表示することができる。

　意味構造では，"了"，"着"，"过"が表すのは，1つのまとまりとして認識されている事態や主体，客体ではなく，事態の時間的局面を指示する働きをする補助事態である。つまり，(11)の一項動詞性主述句は，"_当事_主体－_一項内動詞的_事態－_時間的局面_補助事態"，"_施事_主体－_一項自動詞的_事態－_時間的局面_補助事態"という意味構造（_当事_大堤－_一項内動詞的_崩溃－_時間的局面_了，_施事_人们－_一項自動詞的_奔跑－_時間的局面_着）を持っている。その図示は，図8のようになる。

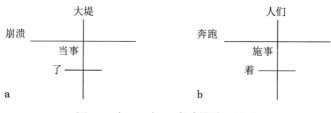

図8　(11a, b)の意味構造の図示

　図8では，短い水平線が"了"や"着"の表す補助事態を示している。長い水平線と短い水平線との上下の順序は，述語動詞と付加成分との語順

第 2 章

に従っている。

5.4 一項動詞性主述句と連用修飾語

一項動詞性主述句 "｛主語語句｝｛述語動詞性語句｝" では，述語を連用修飾語で修飾することができる。例えば，(12) である。

(12) a 敵人 ‖ ［彻底］ 失敗
　　　　敵　徹底的に　負ける
　　　　（敵が徹底的に負ける）
　　 b 小 蓉 ‖ ［在 乡下］ 劳动
　　　　さん 蓉　で　農村　労働する
　　　　（蓉さんが農村で労働する）

(12a) の "彻底" は，形容詞であるが，連用修飾語として述語の "失敗" を修飾している。(12a) の形式は，"｛主語語句｝｛｛連用修飾語語句｝｛述語動詞性語句｝｝"（｛主語敵人｝｛｛連用修飾語彻底｝｛述語失敗｝｝）と表示することができる。

意味構造では，"彻底" が表すのは，1 つのまとまりとして認識されている事態や主体，客体ではなく，"失敗" が表す一項内動詞的事態の程度を限定する働きをする補助事態である。(12a) の意味構造は，"当事主体－一項内動詞的事態－程度補助事態"（当事敵人－一項内動詞的失敗－程度彻底）であると考えられる。

(12b) の "在乡下" は，連用修飾語として述語の "劳动" を修飾している。"在" は，前置詞であり，"乡下" は，名詞である。前置詞は，付加成分として語句の直前に置かれて当該語句のさす実体の深層格を示して

50

いる。"在乡下"では，"在"は，"乡下"のさす実体の深層格「処所」を示している。

処所＝事態の起こる場所，状況，及び経過域である。

（12b）の形式は，"{_主語_語句}{{_連用修飾語_前置詞+語句}{_述語_動詞性語句}}"（{_主語_小蓉}{{_連用修飾語_在+乡下}{_述語_劳动}}）と表示することができる。

意味構造では，"乡下"がさすのは，1つのまとまりとして認識されている実体であり，"劳动"が表す一項自動詞的事態において当該実体が担う役割（実体の深層格）は，"在"が示しているように，処所である。"小蓉"がさすのも実体であるが，同じ一項自動詞的事態において当該実体が担う役割（実体の深層格）は，施事である。施事を付与される"小蓉"のさす実体は，処所を付与される"乡下"のさす実体より認識されやすく，主体となっている。（12b）の意味構造は，"_施事_主体－_一項自動詞的_事態－_処所_客体"（_施事_小蓉－_一項自動詞的_劳动－_処所_乡下）であると考えられる。

（12a）と（12b）の意味構造の図示は，図9のようになる。

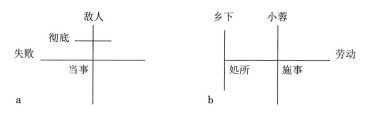

図9　（12a, b）の意味構造の図示

図9aでは，短い水平線が"彻底"の表す補助事態を示している。図9bでは，左側の垂直線が"乡下"のさす客体を示し，接点のところに書いた"処所"が客体の深層格「処所」を示している。

第2章

6 まとめ

　中国語の主述句は，述語の品詞性によって，体言性主述句，形容詞性主述句，動詞性主述句に分かれる。本章は，体言性主述句，形容詞性主述句，一項動詞性主述句の意味構造，及びその図示を考察した。要点を表1にまとめておく。

表1　主述句の意味構造，及びその図示

体言性主述句：{主語語句}{述語体言性語句}
意味構造：当事主体－系属的事態－系事客体
図示　　　　　　　　　　　主体　　　客体 　　　　系属的事態　　　　　　　　　 　　　　　　　　　　当事　　　系事
形容詞性主述句：{主語語句}{述語形容詞性語句}
意味構造：当事主体－形容詞的事態
図示　　　　　　　　　　　主体 　　　形容詞的事態　　　　　 　　　　　　　　　　当事
一項動詞性主述句：{主語語句}{述語動詞性語句}

意味構造：当事主体－一項内動詞的事態	意味構造：施事主体－一項自動詞的事態
図示　　　　　　　主体 　　一項内動 　詞的事態　　　当事	図示　　　　　　　主体 　　一項自動 　詞的事態　　　施事

注

1 以下，" ‖ " で主語と述語部分との境界を示す。

2 "人机通用" は，人間と機械の両方に通用するということである。

3 魯・王（編）（1994）は，1000 余りの動詞を見出し語として収め，林・王・孫（編）（1994）は，2000 余りの動詞を見出し語として収めた。

4 深層格の名称は，翻訳せずに，そのまま中国語を使うことにする。ただし，一部の漢字を日本語の漢字に変換する。

5 本章の二項系属動詞，一項内動詞，一項自動詞について，詳しくは，第 3 章「述目句」の 3.2 節「格フレームと格フレームのタイプ」を参照されたい。

6 意味構造は，「主体→事態→客体→補助事態」という順番で配列する。下付きの文字は，主体と客体の深層格，事態と補助事態の種類を示す。

7 以下，"[　　]" で連用修飾語を示す。

第 3 章

述目句

　本章では，中国語の述目句について考察する。まずは，述目句
の述語と目的語との意味関係，すなわち目的語のさす実体の深層
格の多様性を論じる。次に，実体の深層格のあり方を示す格フレ
ーム，及び格フレームの 53 タイプについて説明する。その上で，
出現頻度の高い，或いは日本語に比べれば，特徴のある二項動詞
の格フレームの 6 タイプを選んで，それらを持つ二項動詞が構成
する二項動詞性主述句，及びそれに含まれる述目句の意味構造を
分析する。

第 3 章

1　述目句とは

　"述宾短语"，すなわち述目句は，（1）に示すように，複数の語句が述語と目的語の関係で結合して構成される句である[1]。一般に，述目句の述語は，動詞性語句である。

（1）a　<u>洗</u>　<u>衣服</u>
　　　　　洗う　服
　　　　　（服を洗う）

　　　b　<u>画</u>　<u>人像</u>
　　　　　描く　肖像
　　　　　（肖像を描く）

　　　c　<u>去</u>　<u>学校</u>
　　　　　行く　学校
　　　　　（学校へ行く）

　　　d　<u>抽</u>　<u>烟斗</u>
　　　　　吸う　パイプ
　　　　　（パイプでタバコを吸う）

　　　e　<u>下</u>　<u>大雪</u>
　　　　　降る　大雪
　　　　　（大雪が降る）

　　　f　<u>是</u>　<u>学生</u>
　　　　　だ　学生
　　　　　（学生だ）

　　　g　<u>教</u>　<u>我</u>　<u>外语</u>
　　　　　教える　私　外国語

（私に外国語を教える）

2 述語と目的語との意味関係

述目句の述語と目的語は，多種多様な意味関係にある。例えば，(1) では，a の "衣服" が "洗" の表す動作の「受事」である。b の "人像" が "画" の表す動作の「結果」である。c の "学校" が "去" の表す動作の「処所」である。d の "烟斗" が "抽" の表す動作の「工具」である。e の "大雪" が "下" の表す動作の「施事」である。f の "学生" が "是" の表す状態の「系事」である。g の "我"（間接目的語）と "外语"（直接目的語）がそれぞれ "教" の表す動作の「与事」と「受事」である。

> *受事＝自発的な動作，行為に関わる客体である。*
> *結果＝生じたり，引き起こしたり，達成したりする結果である。*
> *処所＝事態の起こる場所，状況，及び経過城である。*
> *工具＝使われる道具である。*
> *施事＝自発的な動作，行為，状態の主体である。*
> *系事＝主体の類別，身分，役割である。*
> *与事＝利害関係にある客体である。*

述目句の述語と目的語との意味関係には，「受事」，「結果」，「処所」，「工具」，「施事」，「系事」，「与事」のほかに，「方式」，「目的」，「時間」などもある。例えば，(2) では，a の "仿宋体" が "写" の「方式」であり，b の "博士" が "考" の「目的」であり，c の "春节" が "过" の「時間」である。

> *方式＝使われる方法，形式である。*
> *目的＝達成しようとする目標である。*
> *時間＝事態の起こる時点，或いは継続する期間である。*

第3章

(2) a <u>写　仿宋体</u>
書く　宋朝体

（宋朝体で書く）

b <u>考　博士</u>
受験する　博士後期課程

（博士後期課程を受験する）

c <u>过　春节</u>
過ごす　春節

（春節を過ごす）

3　格フレーム

こうした述語と目的語との意味関係は，述語の表す事態において目的語のさす実体が担う役割，すなわち実体の深層格のことである。実体の深層格は，多種多様であるが，恣意的ではなく，述語の中核となる動詞の格フレームによって決定されている。本節では，格フレームについて論じる。

3.1　必須の実体と必須格

述語の表す事態の成立に必須の実体と非必須の実体がある。例えば，(3)[2]では，"洗"の表す事態の成立に必須の実体"我"や"被罩"などと非必須の実体"明天"や"河边"などがあると考えられる。表1を参照されたい。

(3) a <u>我　‖　［明天］　洗　被罩</u>
私　明日　洗う　布団カバー

（私は明日，布団カバーを洗う）

b 几个　妇女　‖　［在　河　边］　洗　东西

いくつ　女性　で　川　ほとり　洗う　物

（数人の女性が川のほとりで物を洗う）

c 她　‖　［用　搓衣板］　洗　〈完　了〉　衣服

彼女　で　洗濯板　洗う　し終わる　た　衣服

（彼女は洗濯板で衣服を洗い終わった）

d 我　‖　［明天］　［在　河　边］　［用　搓衣板］　洗　衣服

私　明日　で　川　ほとり　で　洗濯板　洗う　衣服

（私は明日，川のほとりで洗濯板で衣服を洗う）

表1　（3）における必須・非必須の実体

	必須の実体	非必須の実体
(3a)	我，被罩	明天
(3b)	几个妇女，东西	河边
(3c)	她，衣服	搓衣板
(3d)	我，衣服	明天，河边，搓衣板

　このような事態の成立に必須の実体の深層格は，必須格であり，非必須の実体の深層格は，任意格である。

　必須格と任意格にも様々な種類がある。（3）では，必須格には，"我"，"几个妇女"，"她"の深層格「施事」と"被罩"，"东西"，"衣服"の深層格「受事」があるが，任意格には，"明天"の深層格「時間」，"河边"の深層格「処所」，"搓衣板"の深層格「工具」がある。表2を参照されたい。

　　施事＝自発的な動作，行為，状態の主体である。
　　受事＝自発的な動作，行為に関わる客体である。

59

第 3 章

時間＝事態の起こる時点，或いは継続する期間である。
処所＝事態の起こる場所，状況，及び経過域である。
工具＝使われる道具である。

表 2　(3) における必須格と任意格

	必須格		任意格		
	施事	受事	時間	処所	工具
(3a)	我	被罩	明天		
(3b)	几个妇女	东西		河边	
(3c)	她	衣服			搓衣板
(3d)	我	衣服	明天	河边	搓衣板

3.2　格フレームと格フレームのタイプ

　(3) の動詞 "洗" と必須格「施事」，「受事」は，"施事＋洗＋受事" という "格框架"（格フレーム）を構成している。

　すべての動詞が格フレームを持っているが，動詞の性質，並びに必須格の種類及び数によって，それらの格フレームは，いくつかのタイプに分類することができる。

　例えば，(4a) の "打" が "施事＋打＋受事" という格フレームを，(4b) の "踢" が "施事＋踢＋受事" という格フレームを持っているが，"洗"，"打"，"踢" の性質（自発的であることなど），必須格の種類（施事と受事），必須格の数（2 つ）が同じであると考えられるので，格フレーム "施事＋洗＋受事"，"施事＋打＋受事"，"施事＋踢＋受事" は，"施事＋Ｖ＋受事（Ｖ＝自発的な事態を表す二項動詞。事態の影響が直接客体に及ぶ）" というような格フレームのタイプに分類することができる。

　(4) a　哥哥 ‖ 打　弟弟

60

兄　殴る　弟

（兄が弟を殴る）

　b　运动员 ‖ 踢　球

スポーツ選手　蹴る　ボール

（スポーツ選手がボールを蹴る）

　格フレームのタイプは，数多くある。《（人机通用）现代汉语动词大词典》（林・王・孫（編）1994）は，2000 余りの動詞の深層格を詳細に記述した上で，それらの格フレームを53タイプに分類している。

　以下，林・王・孫（編）（1994: 23-34）に基づいて，格フレームの 53 タイプ（＜1＞～＜53＞）を説明する。

一、一項動詞の格フレーム

　1. 一項自動詞の格フレーム

　（*一項自動詞：自発的な事態を表す一項動詞。事態の影響が直接客体に及ばない*）

　　＜1＞施事＋V

　　　例：人们*人々* 奔跑*走る*（人々が走る）

　2. 一項内動詞の格フレーム

　（*一項内動詞：非自発的な事態を表す一項動詞。事態の影響が直接客体に及ばない*）

　　＜2＞当事＋V

　　　例：女孩*女の子* 害羞*恥ずかしがる*（女の子が恥ずかしがる）

二、二項動詞の格フレーム

第 3 章

3. 二項他動詞の格フレーム

（二項他動詞：自発的な事態を表す二項動詞。事態の影響が直接客体に及ぶ）

　　＜3＞施事＋V＋受事

　　　例：電工電気工事士　安装取りつける　空调エアコン（電気工事士がエアコンを取りつける）

　　＜4＞施事＋V＋結果

　　　例：愛迪生エジソン　発明発明する　電灯白熱電球（エジソンが白熱電球を発明する）

　　＜5＞施事＋V＋受事または系事

　　　例：演員俳優　演演じる　喜剧喜劇（俳優が喜劇を演じる）／演員俳優　演演じる　主角主役（俳優が主役を演じる）

　　＜6＞施事＋V＋受事または工具

　　　例：顾客お客　照映す　脸顔（お客が顔を映す）／顾客お客　照映す　镜子鏡（お客が鏡に映す）

　　＜7＞施事＋V＋処所または受事

　　　例：学生学生　填記入する　履历表履歴書（学生が履歴書に記入する）／学生学生　填記入する　姓名氏名（学生が氏名を記入する）

　　＜8＞施事＋V＋受事または方向

　　　例：小伙子若者　望眺める　对方相手（若者が相手を眺める）／小伙子若者　望眺める　外面外（若者が外を眺める）

　　＜9＞施事＋V＋受事または範囲

　　　例：售货员店員　量測る　布布（店員が布を測る）／售货员店員　量測る　胸围バスト（店員がバストを測る）

　　＜10＞施事＋V＋受事または結果

　　　例：工人労働者　挖掘る　土土（労働者が土を掘る）／工人労働者　挖

62

述目句

掘る 坑穴（労働者が穴を掘る）

＜11＞施事＋V＋受事または処所

例：战士兵士 堵遮る 水水（兵士が水を遮る）／战士兵士 堵塞ぐ
窟窿穴（兵士が穴を塞ぐ）

＜12＞施事＋V＋受事または目的

例：工人労働者 淘選り分ける 大米米（労働者が米を選り分ける）
／工人労働者 淘選り分ける 金金（労働者が金を選り分ける）

＜13＞施事＋V＋受事または与事

例：老师先生 指导指導する 论文論文（先生が論文を指導する）
／老师先生 指导指導する 学生学生（先生が学生を指導する）

4. 二項自動詞の格フレーム

（二項自動詞：自発的な事態を表す二項動詞。事態の影響が直接客
体に及ばない）

＜14＞施事＋V＋同事

例：哥哥兄 联络連絡する 朋友友達（兄が友達に連絡する）

＜15＞施事＋V＋原因

例：老太太おばあさん 愁心配する 路费旅費（おばあさんが旅費を
心配する）

＜16＞施事＋V＋与事

例：乘务员乗務員 服务サービスする 顾客お客（乗務員がお客にサ
ービスする）

＜17＞施事＋V＋系事

例：他彼 担任務める 指挥コンダクター（彼がコンダクターを務め
る）

＜18＞施事＋V＋目的

63

第 3 章

例：青年青年 追求追求する 知識知識（青年が知識を追求する）

＜19＞施事＋V＋依拠

例：工厂工場 遵照従う 指示指示（工場が指示に従う）

＜20＞施事＋工具＋V

例：司机運転手 拿で 汽车車 撒气八つ当たりする（運転手が車に八つ当たりする）（"拿"は，前置詞である）

＜21＞施事＋V＋工具

例：孩子子供 玩儿娯楽活動をする 游戏机ゲーム機（子供がゲームをする）

＜22＞施事＋V＋時間

例：学生学生 熬辛抱する 夜夜（学生が徹夜する）

＜23＞施事＋V＋方式

例：弟弟弟 打従事する 零工アルバイト（弟がアルバイトをする）

＜24＞施事＋V＋範囲

例：她彼女 比比べる 颜色色（彼女が色を比べる）

＜25＞施事＋V＋処所

例：游客観光客 登登る 长城万里の長城（観光客が万里の長城に登る）

＜26＞施事＋V＋処所または時間

例：队伍部隊 过渡る 河川（部隊が川を渡る）／队伍部隊 过過ごす 春节春節（部隊が春節を過ごす）

＜27＞処所＋V＋施事

例：门后ドアの陰 闪突然現れる 出出る 一个人1人（ドアの陰から人が突然現れる）（"出"は，方向補語として働く動詞である）

5. 二項外動詞の格フレーム

64

述目句

（二項外動詞：非自発的な事態を表す二項動詞。事態の影響が直接客体に及ぶ）

　　＜28＞当事＋V＋受事

　　　例：课程カリキュラム 包括含む 选修课選択科目（カリキュラムに選択科目が含まれる）

　　＜29＞当事＋V＋結果

　　　例：他俩彼ら2人 产生生じる 分歧食い違い（彼ら2人の間に食い違いが生じる）

　　＜30＞当事＋V＋客事

　　　例：孩子子供 害怕怖がる 猫猫（子供が猫を怖がる）

　　＜31＞当事＋V＋客事または処所

　　　例：伤傷 着触れる 水水（傷が水に触れる）／脚足 着着く 地地面（足が地面に着く）

　　＜32＞処所＋V＋客事

　　　例：会议室会議室 容纳収容する 二百人200人（会議室が200人を収容する）

6. 二項内動詞の格フレーム

　（二項内動詞：非自発的な事態を表す二項動詞。事態の影響が直接客体に及ばない）

　　＜33＞当事＋V＋範囲

　　　例：画家画家 擅长優れる 山水画山水画（画家が山水画に優れる）

　　＜34＞当事＋V＋工具

　　　例：狗犬 挨こうむる 鞭子鞭（犬が鞭で打たれる）

　　＜35＞当事＋V＋数量

　　　例：收入収入 翻倍増する 一倍1倍（収入が倍になる）

第 3 章

＜36＞当事＋V＋処所

例：黄河黄河 发源源を発する 于に 青海青海（黄河が青海に源を
発する）（"于" は，前置詞である）

＜37＞処所＋V＋当事

例：玉米地トウモロコシ畑 闹发生する 蝗虫イナゴ（トウモロコシ
畑でイナゴが発生する）

＜38＞時間または処所＋V＋当事

例：唐朝唐 有ぁる 诗人詩人（唐に詩人がいる）／院子中庭 有ぁ
る 树木（中庭に木がある）

7. 二項領属動詞の格フレーム

（二項領属動詞：所有関係を表す二項動詞）

＜39＞領事＋V＋客事

例：物体物体 具有持つ 重量重さ（物体が重さを持つ）

＜40＞領事＋V＋分事

例：小说小説 富有富む 戏剧性ドラマ性（小説がドラマ性に富む）

＜41＞領事＋V＋客事または分事

例：儿子息子 有持つ 玩具玩具（息子が玩具を持つ）／蜻蜓トン
ボ 有持つ 翅膀羽（トンボが羽を持つ）

＜42＞客事＋V＋領事

例：财产財産 属于属する 大家みんな（財産がみんなのものだ）

＜43＞分事＋V＋領事

例：通县通県 属属する 北京市北京市（通県が北京市に属する）

8. 二項系属動詞の格フレーム

（二項系属動詞：繋辞にあたる二項動詞）

述目句

<44>当事＋V＋客事

例：他彼 是だ 教师教員 （彼が教員だ）

<45>当事＋V＋系事

例：红色赤 代表示す 危险危険 （赤が危険を示す）

三、三項動詞の格フレーム

9. 三項他動詞の格フレーム

（三項他動詞：自発的な事態を表す三項動詞。事態の影響が直接客体に及ぶ）

<46>施事＋V＋与事＋受事

例：女儿娘 告诉告げる 妈妈母親 一个秘密1つの秘密 （娘が母親に秘密を告げる）

<47>施事＋V＋受事＋与事

例：医生医者 转交取り次いで渡す 包裹小包 给に 病人患者 （医者が小包を患者に渡す）（"给"は，前置詞である）

<48>施事＋与事＋V＋受事

例：我私 给に 他彼 介绍紹介する 对象結婚相手 （私が彼に結婚相手を紹介する）（"给"は，前置詞である）

<49>施事＋V＋受事＋系事

例：大家みんな 称言う 熊猫パンダ 国宝国宝 （みんながパンダを国宝と言う）

<50>施事＋V＋受事＋範囲

例：警察警察 盘问尋ねる 行人通行人 经过経緯 （警察が通行人に経緯を尋ねる）

<51>施事＋受事＋V＋材料または工具

例：厨师コック 把を 鸡鶏 过ある処理を経る 油油 （コックが鶏を

67

第 3 章

油通しする）／粮库食糧倉庫 把を 高粱コーリャン 过ある処理を経
る 秤はかり（食糧倉庫の従業員がコーリャンをはかりにかけ
る）（"把"は，前置詞である）

<52>施事＋V＋与事＋結果

例：厂长工場長 安着せる 小张張さん 一个罪名1つの罪名（工場長
が張さんに罪を着せる）

<53>施事＋同事＋V＋結果

例：张三張三 跟と 局长局長 攀婚姻や親戚関係を結ぶ 亲戚親戚（張
三が局長と親戚関係を結ぶ）（"跟"は，前置詞である）

　上述した格フレームの 53 タイプのうち，"<5>施事＋V＋受事または
系事（V＝二項他動詞）"，"<26>施事＋V＋処所または時間（V＝二項自
動詞）"，"<31>当事＋V＋客事または処所（V＝二項外動詞）"，"<38>
時間または処所＋V＋当事（V＝二項内動詞）"，"<41>領事＋V＋客事ま
たは分事（V＝二項領属動詞）"，"<51>施事＋受事＋V＋材料または工具
（V＝三項他動詞）"などの 14 タイプは，その必須格のあり方に 2 通りの
可能性がある。ここでは，"<5>施事＋V＋受事または系事（V＝二項他
動詞）"を例として，説明する。

　"演"は，<5>を持つ動詞であるが，(5) が示すように，その必須格
は，施事と受事である場合と，施事と系事である場合がある。

　　系事＝主体の類別，身分，役割である。

(5) a 演员 ‖ 演 喜剧
　　施事　　　　受事　　　必須格
　　俳優　演じる　喜劇
　　（俳優が喜劇を演じる）

b　演员 ‖ 演　主角

　　施事　　　　系事　　必須格

　　俳優　演じる　主役

（俳優が主役を演じる）

　"演"は，必須格が施事と受事である場合，劇，映画などの芸能を行うことを表しているが（5a），必須格が施事と系事である場合，劇，映画などで役を務めることを表している（5b）。

　ただし，辞書では，「劇，映画などの芸能を行うこと」と，「劇，映画などで役を務めること」が"演"の同じ"义项"（見出しの下に意味によって配列した項目。意味の区分。）にまとめられることが多い。例えば，大型の《汉语大词典（第六卷）》では，"演"のこの"义项"は，"表演技艺，或在戏剧、电影中扮演角色"（芸を演じる。或いは，劇，映画で役を務める。）と記述されている。中型の《古今汉语词典》，《现代汉语规范词典（第3版）》，《现代汉语词典（第6版）》では，それぞれ"当众显示技艺，扮演"（みんなの前で芸を披露する。扮する。），"表演；扮演"（（芸を）演じる。扮する。），"表演技艺；扮演"（芸を演じる。扮する。）と記述されている。

　《（人机通用）现代汉语动词大词典》においても，劇，映画などの芸能を行うことを表し，必須格が施事と受事である"演"と，劇，映画などで役を務めることを表し，必須格が施事と系事である"演"とは，同じ"义项"にあるとされ，その格フレームは，"施事＋演＋受事または系事"と表示されている。

　このように，"演"のような動詞の格フレームは，"＜5＞施事＋V＋受事または系事（V＝二項他動詞）"というタイプに分類されることになった。

　ちなみに，格フレームのタイプは，動詞の性質，並びに必須格の種類及び数を示してくれる一方，その配列が当該格フレームのタイプを持つ動詞

第3章

と必須格を付与される語句とが構成する基本語順3の句の配列と一致している。例えば、(6)のように、"＜25＞施事＋V＋処所（V＝二項自動詞）"の配列は、＜25＞を持つ動詞"登"，施事を付与される語句"游客"，処所を付与される語句"长城"が構成する基本語順の句の配列と一致している。

　　処所＝事態の起こる場所，状況，及び経過域である。

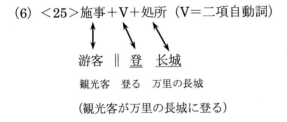

(6) ＜25＞施事＋V＋処所（V＝二項自動詞）

游客 ‖ 登　长城
観光客　登る　万里の長城
（観光客が万里の長城に登る）

4　二項動詞性主述句の意味構造

　＜3〜19, 21〜45＞[4]を持つ二項動詞は，目的語としての語句とともに"{ 述語動詞性語句}{ 目的語語句}"という形式の述目句を構成している。この述目句は，さらに，主語としての語句とともに"{ 主語語句}{{ 述語動詞性語句}{ 目的語語句}}"という形式の二項動詞性主述句を構成している。

　こうした二項動詞性主述句は，＜3〜19, 21〜45＞を持つ二項動詞が構成する基本語順の句であり，主語と目的語のさす実体の深層格が＜3〜19, 21〜45＞の配列で分かる。

　本章の目的は，述目句の意味構造を分析することであるが，まずは述目句を含む二項動詞性主述句を分析することにする。二項動詞性主述句の意味構造が分かれば，述目句の意味構造も分かるようになる。

　紙幅の関係で，ここでは，＜3〜19, 21〜45＞から"＜3＞施事＋V＋受

事（V＝二項他動詞）”，“＜4＞施事＋V＋結果（V＝二項他動詞）”，“＜21＞施事＋V＋工具（V＝二項自動詞）”，“＜23＞施事＋V＋方式（V＝二項自動詞）”，“＜30＞当事＋V＋客事（V＝二項外動詞）”，“＜37＞処所＋V＋当事（V＝二項内動詞）”の6タイプを選んで，それらを持つ二項動詞が構成する二項動詞性主述句の意味構造を分析する。

> 施事＝自発的な動作，行為，状態の主体である。
> 受事＝自発的な動作，行為に関わる客体である。
> 結果＝生じたり，引き起こしたり，達成したりする結果である。
> 工具＝使われる道具である。
> 方式＝使われる方法，形式である。
> 当事＝非自発的な動作，行為，状態の主体である。
> 客事＝非自発的な動作に関わる客体である。
> 処所＝事態の起こる場所，状況，及び経過域である。

　林・王・孫（編）（1994）の《（人机通用）現代汉语动词大词典》，孟・鄭・孟・蔡（1999）の《汉语动词用法词典》，及び筆者の考察によれば，この6タイプは，出現頻度の高い，或いは日本語に比べれば，特徴のあるものであると考えられる。

4.1　＜3＞施事＋V＋受事（V＝二項他動詞）

　“＜3＞施事＋V＋受事（V＝二項他動詞）”を持つのは，以下のような二項他動詞である。

(7)　“安装”（取りつける），“穿”（着る），“打”（殴る），“卖”（売る），“扔”（捨てる），“踢”（蹴る），“洗”（洗う），“修理”（修理する），“掩盖”（覆う），“阅读”（読む）

第3章

　このような二項他動詞が構成する二項動詞性主述句 "{主語語句}{{述語動詞性語句}{目的語語句}}" では，主語のさす実体が主体となり，目的語のさす実体が客体となり，二項他動詞を中核とする述語の表すことが二項他動詞的事態となっている。二項他動詞的事態は，自発的でその影響が直接客体に及ぶものである。

　主体と客体の深層格は，＜3＞の配列で分かるように，それぞれ施事と受事である。＜3＞を持つ二項他動詞が構成する二項動詞性主述句は，"施事主体－二項他動詞的事態－受事客体" という意味構造を持っている。

　この意味構造の図示は，図1のようになる。

図1　格フレーム＜3＞を持つ二項他動詞が構成
　　　する二項動詞性主述句の意味構造の図示

　図1では，水平線が二項他動詞的事態を示し，中央の垂直線が主体を示し，右側の垂直線が客体を示し，水平線と垂直線との交点または接点のところに書いた "施事" と "受事" がそれぞれ主体の深層格「施事」と客体の深層格「受事」を示している。

　具体例（8＝4）の意味構造の図示は，図2のようになる。

　(8) a　哥哥 ‖ 打　弟弟
　　　　兄　殴る　弟
　　　（兄が弟を殴る）

b 运动员 ‖ 踢 球
　　スポーツ選手　蹴る　ボール
　　（スポーツ選手がボールを蹴る）

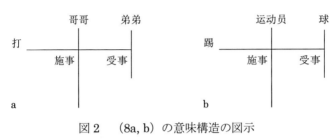

図2　(8a, b)の意味構造の図示

4.2 ＜4＞施事＋V＋結果（V＝二項他動詞）

"＜4＞施事＋V＋結果（V＝二項他動詞）"を持つのは，以下のような二項他動詞である。

(9) "编"（編集する），"成立"（創立する），"发明"（発明する），"画"（描く），"建筑"（建築する），"生产"（生産する），"写"（書く），"印"（印刷する），"织"（織る），"制造"（製造する）

このような二項他動詞が構成する二項動詞性主述句"{主語語句}{{述語動詞性語句}{目的語語句}}"では，主語のさす実体が主体となり，目的語のさす実体が客体となり，二項他動詞を中核とする述語の表すことが二項他動詞的事態となっている。

主体と客体の深層格は，＜4＞の配列で分かるように，それぞれ施事と結果である。＜4＞を持つ二項動詞が構成する二項動詞性主述句は，"施事主体ー二項他動詞的事態ー結果客体"という意味構造を持っている。

第3章

この意味構造の図示は，図3のようになる。

図3　格フレーム<4>を持つ二項動詞が構成
　　　する二項動詞性主述句の意味構造の図示

具体例（10）の意味構造の図示は，図4のようになる。

(10) a　爱迪生 ‖ 发明　电灯
　　　　エジソン　発明する　白熱電球
　　　（エジソンが白熱電球を発明する）
　　b　画家 ‖ 画　人像
　　　　画家　描く　肖像
　　　（画家が肖像を描く）

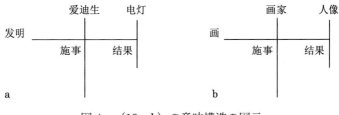

図4　(10a, b) の意味構造の図示

述目句

4.3 ＜21＞施事＋V＋工具（V＝二項自動詞）

《(人机通用）现代汉语动词大词典》には，"＜21＞施事＋V＋工具（V＝二項自動詞)" を持つ二項動詞は，"玩儿"（道具で娯楽活動をする）しかない。"玩儿"は，(11) のように，二項動詞性主述句 "{主語語句} {{述語動詞性語句} {目的語語句}}" ({主語孩子} {{述語玩儿} {目的語游戏机}}) を構成している。

(11) 孩子 ‖ 玩儿　游戏机
　　　子供　娯楽活動をする　ゲーム機
　　　（子供がゲームをする
　　　＝子供がゲーム機でゲームをする）

＜21＞の配列で分かるように，"孩子" と "游戏机" の深層格は，それぞれ施事と工具である。＜21＞を持つ二項動詞 "玩儿" が構成する二項動詞性主述句は，"施事主体－二項自動詞的事態－工具客体"（施事孩子－二項自動詞的玩儿－工具游戏机）という意味構造を持っている。

この意味構造の図示は，図5のようになる。

図5　格フレーム＜21＞を持つ二項動詞が構成
　　　する二項動詞性主述句の意味構造の図示

75

第 3 章

4.4 ＜23＞施事＋V＋方式（V＝二項自動詞）

《（人机通用）现代汉语动词大词典》には，"＜23＞施事＋V＋方式（V
＝二項自動詞）"を持つ二項動詞は，"打"（従事する），"打"（ある手段を
取る），"玩儿"（不正な手段を使う）しかない。"打"（従事する），"打"（あ
る手段を取る），"玩儿"（不正な手段を使う）は，(12)のように，二項動
詞性主述句"{主語語句}{{述語動詞性語句}{目的語語句}}"（{主語弟弟}{{述語
打}{目的語零工}}，{主語经理}{{述語打}{目的語官腔}}，{主語対方}{{述語玩儿}
{目的語花招儿}}）を構成している。

(12) a　弟弟 ‖ 打　零工
　　　　弟　従事する　アルバイト
　　　（弟がアルバイトをする
　　　　＝弟がアルバイトで働く）

　　 b　经理 ‖ 打　官腔
　　　　マネージャー　手段を取る　役人口調
　　　（マネージャーが役人口調でしゃべる）

　　 c　対方 ‖ 玩儿　花招儿
　　　　相手　不正な手段を使う　手管
　　　（相手が手管を弄する
　　　　＝相手が計略で欺く）

　＜23＞の配列で分かるように，主体と客体の深層格は，それぞれ施事と
方式である。＜23＞を持つ二項動詞"打"（従事する），"打"（ある手段を
取る），"玩儿"（不正な手段を使う）が構成する二項動詞性主述句は，"施
事主体－二項自動詞的事態－方式客体"（施事弟弟－二項自動詞的打－方式零工，施事经理－

76

二項自動詞的打－方式官腔，施事対方－二項自動詞的玩儿－方式花招儿）という意味構造を持っている。

この意味構造の図示は，図6のようになる。

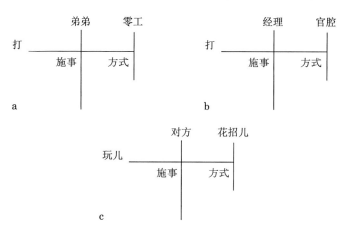

図6　格フレーム＜23＞を持つ二項動詞が構成する二項動詞性主述句の意味構造の図示

4.5　＜30＞当事＋V＋客事（V＝二項外動詞）

"＜30＞当事＋V＋客事（V＝二項外動詞）"を持つのは，以下のような二項外動詞である。

(13)　"符合"（合致する），"害怕"（怖がる），"记得"（覚えている），"明白"（分かる），"碰见"（出会う），"缺乏"（欠乏する），"听见"（聞こえる），"误解"（誤解する），"像"（似ている），"遗失"（遺失する）

第3章

　このような二項外動詞が構成する二項動詞性主述句"{主語語句}{{述語動詞性語句}{目的語語句}}"では，主語のさす実体が主体となり，目的語のさす実体が客体となり，二項外動詞を中核とする述語の表すことが二項外動詞的事態となっている。二項外動詞的事態は，非自発的でその影響が直接客体に及ぶものである。

　主体と客体の深層格が＜30＞の配列で分かるように，それぞれ当事と客事である。＜30＞を持つ二項動詞が構成する二項動詞性主述句は，"当事主体－二項外動詞的事態－客事客体"という意味構造を持っている。

　この意味構造の図示は，図7のようになる。

図7　格フレーム＜30＞を持つ二項動詞が構成する二項動詞性主述句の意味構造の図示

具体例（14）の意味構造の図示は，図8のようになる。

(14) a　大家 ‖ 明白　真相
　　　　みんな　分かる　真相
　　　（みんなに真相が分かる）

　　 b　我 ‖ 碰见　一个　老　朋友
　　　　私　出会う　1つ　古い　友人
　　　（私が古くからの友人に出会う）

述目句

図 8 (14a, b) の意味構造の図示

4.6 ＜37＞処所＋V＋当事（V＝二項内動詞）

"＜37＞処所＋V＋当事（V＝二項内動詞）"を持つのは，以下のような二項内動詞である。

(15) "陈列"（陳列する），"充满"（満ちる），"发生"（起こる），"挂"（付着する），"闹"（発生する），"悬挂"（掛かる）

このような二項内動詞が構成する二項動詞性主述句"{_{主語}語句}{{_{述語}動詞性語句}{_{目的語}語句}}"では，主語と目的語のさす実体の深層格は，＜37＞の配列で分かるように，それぞれ処所と当事である。

ただし，＜3, 4, 21, 23, 30＞を持つ二項動詞が構成する二項動詞性主述句と違って，＜37＞を持つ二項動詞が構成する二項動詞性主述句では，当事を付与される目的語のさす実体が処所を付与される主語のさす実体より認識されやすいので，目的語のさす実体が主体となり，主語のさす実体が客体となっている。

＜37＞を持つ二項動詞が構成する二項動詞性主述句は，"_{当事}主体－_{二項内動詞的}事態－_{処所}客体"という意味構造を持っている。

この意味構造の図示は，図9のようになる。

79

第3章

図9　格フレーム＜37＞を持つ二項動詞が構成
　　する二項動詞性主述句の意味構造の図示

具体例（16）の意味構造の図示は，図10のようになる。

(16) a　她　的　眼　里　‖　充満　泪水
　　　　彼女　の　目　中　満ちる　涙
　　　（彼女の目に涙が溢れる）

　　 b　玉米地　‖　闹　蝗虫
　　　　トウモロコシ畑　発生する　イナゴ
　　　（トウモロコシ畑でイナゴが発生する）

図10　(16a, b) の意味構造の図示

5　まとめ——述目句の意味構造

4節で＜3, 4, 21, 23, 30, 37＞を持つ二項動詞が構成する二項動詞性

主述句を考察した。述目句は，二項動詞性主述句に含まれているので，二項動詞性主述句の意味構造が分かれば，述目句の意味構造も分かるようになる。

例えば，＜3＞を持つ二項動詞が構成する二項動詞性主述句"{_{主語}語句}{{_{述語}動詞性語句}{_{目的語}語句}}"は，"_{施事}主体－_{二項他動詞的}事態－_{受事}客体"という意味構造を持っているので，それに含まれる述目句"{_{述語}動詞性語句}{_{目的語}語句}"の意味構造は，"_{二項他動詞的}事態－_{受事}客体"となっている。その図示については，述目句の意味構造中に主語のさす実体（主体または客体）が現れないので，図11のように，それを破線で表示することにし，これを述目句の意味構造の図示とする。

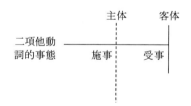

図11　格フレーム＜3＞を持つ二項動詞が
構成する述目句の意味構造の図示

ここで，＜3，4，21，23，30，37＞を持つ二項動詞が構成する二項動詞性主述句，及びそれらに含まれる述目句の意味構造，図示を表3にまとめておく。

第 3 章

表 3　二項動詞性主述句と述目句の意味構造，及びその図示

二項動詞性主述句 {主語語句}{{述語動詞性語句}{目的語語句}}	述目句 {述語動詞性語句}{目的語語句}
"＜3＞施事＋V＋受事（V＝二項他動詞）"を持つ二項動詞	
施事主体－二項他動詞的事態－受事客体	二項他動詞的事態－受事客体
図示 　　　　　　　　　　　　主体　　　　客体 二項他動 ＿＿＿＿＿＿＿＿＿＿＿＿＿ 詞的事態　　　施事　　　　受事	図示（実線部分） 　　　　　　　　　　　　主体　　　　客体 二項他動 ＿＿＿＿＿＿＿＿＿＿＿＿＿ 詞的事態　　　施事　　　　受事
"＜4＞施事＋V＋結果（V＝二項他動詞）"を持つ二項動詞	
施事主体－二項他動詞的事態－結果客体	二項他動詞的事態－結果客体
図示 　　　　　　　　　　　　主体　　　　客体 二項他動 ＿＿＿＿＿＿＿＿＿＿＿＿＿ 詞的事態　　　施事　　　　結果	図示（実線部分） 　　　　　　　　　　　　主体　　　　客体 二項他動 ＿＿＿＿＿＿＿＿＿＿＿＿＿ 詞的事態　　　施事　　　　結果
"＜21＞施事＋V＋工具（V＝二項自動詞）"を持つ二項動詞	
施事主体－二項自動詞的事態－工具客体	二項自動詞的事態－工具客体
図示 　　　　　　　　　　　　主体　　　　客体 二項自動 ＿＿＿＿＿＿＿＿＿＿＿＿＿ 詞的事態　　　施事　　　　工具	図示（実線部分） 　　　　　　　　　　　　主体　　　　客体 二項自動 ＿＿＿＿＿＿＿＿＿＿＿＿＿ 詞的事態　　　施事　　　　工具

"＜23＞施事＋V＋方式（V＝二項自動詞）"を持つ二項動詞	
施事主体—二項自動詞的事態—方式客体	二項自動詞的事態—方式客体
図示 　　　　　　　　　　主体　　　客体 二項自動 詞的事態　　　施事　　方式	図示（実線部分） 　　　　　　　　　　主体　　　客体 二項自動 詞的事態　　　施事　　方式

"＜30＞当事＋V＋客事（V＝二項外動詞）"を持つ二項動詞	
当事主体—二項外動詞的事態—客事客体	二項外動詞的事態—客事客体
図示 　　　　　　　　　　主体　　　客体 二項外動 詞的事態　　　当事　　客事	図示（実線部分） 　　　　　　　　　　主体　　　客体 二項外動 詞的事態　　　当事　　客事

"＜37＞処所＋V＋当事（V＝二項内動詞）"を持つ二項動詞	
当事主体—二項内動詞的事態—処所客体	当事主体—二項内動詞的事態
図示 客体　　　主体 　　　　　　　　　　二項内動 処所　　当事　　詞的事態	図示（実線部分） 客体　　　主体 　　　　　　　　　　二項内動 処所　　当事　　詞的事態

第3章

注

1 以下，" ___ "で述語を示し，" ___ "で目的語を示す。

2 以下，"〈 　〉"で補語を示す。

3 ここで言う基本語順とは，動詞と必須格を付与される語句とが構成する句の最も自然な語順のことである。例えば，(6) の動詞"登"，施事を付与される語句"游客"，処所を付与される語句"长城"が構成する句は，"游客観光客 登登る 了た 长城万里の長城"（観光客が万里の長城に登った），"游客観光客 长城万里の長城 登登る 了た"（観光客，万里の長城には登った），"长城万里の長城 游客観光客 登登る 了た"（万里の長城，観光客は登った）の語順があり得るが，"游客観光客 登登る 了た 长城万里の長城"が最も自然な語順，すなわち基本語順である。

4 <20>を持つ二項動詞，例えば，"撒气"（八つ当たりする）は，①のように，"{主語語句}{{連用修飾語前置詞+語句}{述語動詞性語句}}"（{主語司机}{{連用修飾語拿+汽车}{述語撒气}}）という形式の動詞性主述句を構成しているが，述目句を構成しない。

　① 司机 ‖ ［拿　汽车］ 撒气
　　　運転手　で　車　八つ当たりする
　　　（運転手が車に八つ当たりする）

第 4 章

結果述補句

　本章では，第 2 章「主述句」と第 3 章「述目句」を踏まえ，主述句と述目句より複雑な結果述補句について考察する。まずは，述補句を概観する。次に，結果述補句を含む動詞性主述句における述語事態，補語事態，実体の 3 者が互いに関与する仕方の違いによって，動詞性主述句を分類し，それぞれの意味構造を分析する。その上で，結果述補句の分類を行い，それらの意味構造を分析して図示する。

第4章

1　述補句の種類

"述补短语"，すなわち述補句は，複数の語句が述語と補語の関係で結合することによって構成される句である。

一般に，述補句の前の部分（述語）は，事態を表す語句であり，後ろの部分（補語）は，その事態を補足説明する語句である。具体的に言えば，補語は，（1）に示すように，事態の結果を表し，（2）に示すように，事態の方向や趨勢を表し，（3）に示すように，事態の実現可能・不可能を表し，（4）に示すように，事態を描写したりし，（5）に示すように，事態の程度を表し，（6）に示すように，事態の時期や場所を表し，（7）に示すように，事態の回数や期間を表している。

（1）a　<u>写</u>　〈错〉
　　　　書く　正しくない
　　　　（書き間違える）

　　　b　<u>打</u>　〈死〉
　　　　殴る　死ぬ
　　　　（殴り殺す）

　　　c　<u>说</u>　〈清楚〉
　　　　言う　はっきりしている
　　　　（はっきり言う）

（2）a　<u>进</u>　〈去〉
　　　　入る　行く
　　　　（入って行く）

　　　b　<u>跑</u>　〈来〉
　　　　走る　来る

86

結果述補句

（走って来る）

c　拿　〈出〉

持つ　出る

（持ち出す）

(3) a　看　得　〈懂〉

読む　補語標識　分かる

（読んで理解できる）

b　吃　得　〈了〉

食べる　補語標識　終わる

（食べきれる）

c　洗　得　〈干浄〉

洗う　補語標識　きれいだ

（きれいに洗うことができる）

(4) a　唱　得　〈好〉

歌う　補語標識　うまい

（うまく歌う）

b　高兴　得　〈哈哈　大笑〉

楽しい　補語標識　あははっと　大笑いする

（あははっと大笑いするほど楽しい）

c　干浄　得　〈一点　灰尘　都　没有〉

きれいだ　補語標識　少し　ちり　も　ない

（ほんの少しのちりもないほどきれいだ）

(5) a　忙　〈极〉　了

忙しい　ひどく　語気助詞

（とても忙しい）

b　累　〈死〉　了

87

第4章

　　　　　疲れる　ひどく　語気助詞

　　　　（死ぬほど疲れる）

　　c　乐　〈坏〉　了

　　　　　うれしい　ひどく　語気助詞

　　　　（うれしくてたまらない）

(6)　a　生　〈于　1949 年〉

　　　　　生まれる　に　1949 年

　　　　（1949 年に生まれる）

　　b　驶　〈向　太平洋〉

　　　　　走らせる　に　太平洋

　　　　（太平洋に向けて出航する）

　　c　选　〈自　《人民日报》〉

　　　　　選ぶ　から　『人民日報』

　　　　（『人民日報』から選ぶ）

(7)　a　念　〈一遍〉

　　　　　読む　1回

　　　　（1回読む）

　　b　住　了　〈三年〉

　　　　　住む　た　三年

　　　　（三年間住んだ）

　　c　大　〈两岁〉

　　　　　大きい　二歳

　　　　（二歳年上だ）

　述補句は，上述の補語の意味や機能に応じて，結果述補句，方向・趨勢
述補句，可能述補句，描写述補句，程度述補句，時期・場所述補句，回数・

88

期間述補句に分類することができる。

　そのうち結果述補句の形式は，"{_{述語}動詞性語句}{_{補語}動詞・形容詞性語句}"と表示することができる。

2　結果述補句を含む動詞性主述句の分類

　結果述補句"{_{述語}動詞性語句}{_{補語}動詞・形容詞性語句}"は，主語としての語句とともに動詞性主述句"{_{主語}語句}{{_{述語}動詞性語句}{_{補語}動詞・形容詞性語句}}"を構成している。或いは，目的語としての語句とともに述目句"{{_{述語}動詞性語句}{_{補語}動詞・形容詞性語句}}{_{目的語}語句}"を構成してから，主語としての語句とともに動詞性主述句"{_{主語}語句}{{{_{述語}動詞性語句}{_{補語}動詞・形容詞性語句}}{_{目的語}語句}}"を構成している。

　本章は，結果述補句の意味構造を分析するが，まずは結果述補句を含む動詞性主述句"{_{主語}語句}{{_{述語}動詞性語句}{_{補語}動詞・形容詞性語句}}"，"{_{主語}語句}{{{_{述語}動詞性語句}{_{補語}動詞・形容詞性語句}}{_{目的語}語句}}"を分析することにする。

　動詞性主述句"{_{主語}語句}{{_{述語}動詞性語句}{_{補語}動詞・形容詞性語句}}"，"{_{主語}語句}{{{_{述語}動詞性語句}{_{補語}動詞・形容詞性語句}}{_{目的語}語句}}"では，述語が表すのは，事態であり，補語が表すのは，事態または補助事態である。以下の論述の便宜のために，前者を述語事態と，後者を補語事態と呼びたい。

　述語事態，補語事態，主語や目的語のさす実体は，互いに異なる仕方で関与している。関与の仕方によって，結果述補句を含む動詞性主述句は，主に下記の5種類に分類することができる。

第 4 章

(8)

a

{_主語語句} {{_述語動詞性語句} {_補語動詞・形容詞性語句}}

b

{_主語語句} {{{_述語動詞性語句} {_補語動詞・形容詞性語句}} {_目的語語句}}

c

{_主語語句} {{{_述語動詞性語句} {_補語動詞・形容詞性語句}} {_目的語語句}}

d

{_主語語句} {{{_述語動詞性語句} {_補語動詞・形容詞性語句}} {_目的語語句}}

e

{_主語語句} {{{_述語動詞性語句} {_補語動詞・形容詞性語句}} {_目的語語句}}

　(8) においては，実線矢印は，主語や目的語のさす実体が主体として述語事態や補語事態に関与することを，破線矢印は，別の関与の仕方を示している。詳しくは，次の節で述べる。

3　結果述補句を含む動詞性主述句の意味構造
3.1　(8a) の意味構造

(8a)

{_主語語句} {{_述語動詞性語句} {_補語動詞・形容詞性語句}}

90

結果述補句

　（8a）では，主語のさす実体が主体として述語事態と補語事態の両方に関与している。（9）は，（8a）の例である。

（9）a 　他 ‖ 摔 〈倒〉 了

　　　　彼　転ぶ　倒れる　た

　　　（彼が転んでひっくり返った）

　　b 　我 ‖ 走 〈累〉 了

　　　　私　歩く　疲れる　た

　　　（私が歩き疲れた）

　（9a）では，述語事態 "摔" に "他" のさす実体が主体として関与している。動詞 "摔" が格フレーム "＜2＞当事＋V（V＝一項内動詞）" を持っているので，"他" の深層格は，当事となっている[1]。

　　　　当事＝非自発的な動作，行為，状態の主体である。

一方，補語事態 "倒" に "他" のさす実体が主体として関与している。動詞 "倒" が格フレーム "＜2＞当事＋V（V＝一項内動詞）" を持っているので，"他" の深層格は，当事となっている。

　よって，（9a）の意味構造は，"a：当事他－一項内動詞的摔；b：当事他－一項内動詞的倒－時間的局面了[2]" となると考えられる。図1は，その図示である。

　図1（及び図2と図3）では，上の長い水平線が述語事態を示し，下の長い水平線が補語事態を示し，垂直線が述語事態と補語事態の主体を示している。長い水平線の上下の順序は，述語と補語の語順に従っている。短い水平線は，"了" の表す補助事態を示している。

91

第4章

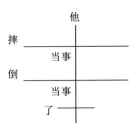

図1　(9a) の意味構造の図示

　(9b) では，述語事態"走"に"我"のさす実体が主体として関与している。動詞"走"が格フレーム"＜1＞施事＋V（V＝一項自動詞）"を持っているので，"我"の深層格は，施事となっている。

　　　施事＝自発的な動作，行為，状態の主体である。

一方，補語事態"累"に"我"のさす実体が主体として関与している。"累"が形容詞であるので，"我"の深層格は，当事となっている[3]。

　(9b) の意味構造は，"a：施事我－一項自動詞的走；b：当事我－形容詞的累－時間的局面了"となると考えられる。図2は，その図示である。

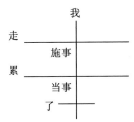

図2　(9b) の意味構造の図示

　(9) の分析に基づいて，結果述補句を含む動詞性主述句 (8a) の意味構造は，"a：述語事態主体－述語事態；b：補語事態主体－補語事態 (述語事

結果述補句

<small>態主体＝補語事態主体＝主語のさす実体</small>"と整理することができると考えられる。図3は，その図示である。

図3 （8a）の結果述補句を含む動詞性主述句の意味構造の図示

3.2 （8b）の意味構造

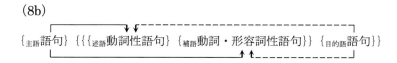

（8b）では，主語のさす実体は，主体として述語事態と補語事態に関与しており，目的語のさす実体は，客体として述語事態と補語事態に関与している。(10)は，(8b)の例である。

第4章

　　　　　私　学ぶ　できる　た　スケート
　　　（私がスケートを学んで身に付けた）

　（10a）では，述語事態"听"に"我"と"他的话"のさす実体がそれぞれ主体と客体として関与している。動詞"听"が格フレーム"＜3＞施事＋V＋受事（V＝二項他動詞）"を持っているので，"我"と"他的话"の深層格は，それぞれ施事と受事となっている。

　　　受事＝自発的な動作，行為に関わる客体である。

一方，補語事態"懂"に"我"と"他的话"のさす実体がそれぞれ主体と客体として関与している。動詞"懂"が格フレーム"＜30＞当事＋V＋客事（V＝二項外動詞）"を持っているので，"我"と"他的话"の深層格は，それぞれ当事と客事となっている。

　　　客事＝非自発的な動作に関わる客体である。

　よって，（10a）の意味構造は，"a：_施事_我－_二項他動詞的_听－_受事_他的话；b：_当事_我－_二項外動詞的_懂－_客事_他的话－_時間的局面_了"となると考えられる。図4は，その図示である。

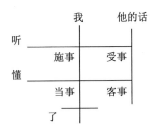

　　　図4　（10a）の意味構造の図示

図4（及び図5と図6）では，上の長い水平線が述語事態を示し，下の長い水平線が補語事態を示し，中央の垂直線が述語事態と補語事態の主体を示し，右側の垂直線が述語事態と補語事態の客体を示している。長い水平線の上下の順序は，述語と補語の語順に従っている。短い水平線は，"了"の表す補助事態を示している。

　（10b）では，述語事態"学"に"我"と"滑冰"のさす実体がそれぞれ主体と客体として関与している。動詞"学"が格フレーム"＜3＞施事＋V＋受事（V＝二項他動詞）"を持っているので，"我"と"滑冰"の深層格は，それぞれ施事と受事となっている。一方，補語事態"会"に"我"と"滑冰"のさす実体がそれぞれ主体と客体として関与している。動詞"会"が格フレーム"＜30＞当事＋V＋客事（V＝二項外動詞）"を持っているので，"我"と"滑冰"の深層格は，それぞれ当事と客事となっている。

　（10b）の意味構造は，"a：施事我－二項他動詞的学－受事滑冰；b：当事我－二項外動詞的会－客事滑冰－時間的局面了"となると考えられる。図5は，その図示である。

図5　（10b）の意味構造の図示

　（10）の分析に基づいて，結果述補句を含む動詞性主述句（8b）の意味構造は，"a：述語事態主体－述語事態－述語事態客体；b：補語事態主体

第4章

－補語事態－補語事態客体 (述語事態主体＝補語事態主体＝主語のさす実体；述語事態客体＝補語事態客体＝目的語のさす実体)"と整理することができると考えられる。図6は，その図示である。

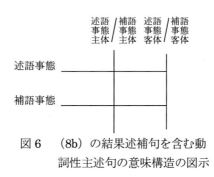

図6　(8b) の結果述補句を含む動詞性主述句の意味構造の図示

3.3　(8c) の意味構造

(8c) では，主語と目的語のさす実体は，述語事態には，それぞれ主体と客体として関与しているが，補語事態には，それぞれ客体と主体として関与している。(11) は，(8c) の例である。

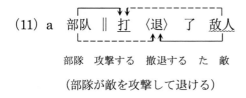

部隊　攻撃する　撤退する　た　敵
(部隊が敵を攻撃して退ける)

b 孩子 们 ‖ 点 〈着〉 了 鞭炮

子供　たち　火を付ける　火が付く　た　爆竹

（子供たちが爆竹に点火した）

　　（11a）では，述語事態"打"に"部队"と"敌人"のさす実体がそれぞれ主体と客体として関与している。動詞"打"が格フレーム"＜3＞施事＋V＋受事（V＝二項他動詞）"を持っているので，"部队"と"敌人"の深層格は，それぞれ施事と受事となっている。一方，補語事態"退"に"敌人"のさす実体が主体として関与している。動詞"退"が格フレーム"＜1＞施事＋V（V＝一項自動詞）"を持っているので，"敌人"の深層格は，施事となっている。

　　また，"敌人"のさす実体が補語事態"退"に関与することを，"部队"のさす実体が引き起こすので，"部队"のさす実体が客体として補語事態"退"にも関与していると考えられる。その深層格は，原因である。

　　　　原因＝事態を引き起こす原因である。

図7　（11a）の意味構造の図示

　よって，（11a）の意味構造は，"a：施事部队－二項他動詞的打－受事敌人；b：施

第 4 章

事敵人－一項自動詞的退－原因部队－時間的局面了"となっている。図 7 は，その図示である。

意味構造"a：施事部队－二項他動詞的打－受事敵人；b：施事敵人－一項自動詞的退－原因部队－時間的局面了"は，"施事部队－二項他動詞的打－受事敵人"と"施事敵人－一項自動詞的退－時間的局面了"とが図 8（100 頁）のような過程を経て合成されるものであると考えられる。

合成の過程 I では，"敵人"のさす実体が事態"退"に関与することを，"部队"のさす実体が引き起こすので，"部队"が原因として事態"退"に接するようになる。II では，2 つの"敵人"が同一人物なので，1 つに結合される。

（11b）では，述語事態"点"に"孩子们"と"鞭炮"のさす実体がそれぞれ主体と客体として関与している。動詞"点"が格フレーム"＜3＞施事＋V＋受事（V＝二項他動詞）"を持っているので，"孩子们"と"鞭炮"の深層格は，それぞれ施事と受事となっている。一方，補語事態"着"に"鞭炮"のさす実体が主体として関与している。動詞"着"が格フレーム"＜2＞当事＋V（V＝一項内動詞）"を持っているので，"鞭炮"の深層格は，当事となっている。

また，"鞭炮"のさす実体が補語事態"着"に関与することを，"孩子们"のさす実体が引き起こすので，"孩子们"のさす実体が客体として補語事態"着"にも関与していると考えられる。その深層格は，原因である。

（11b）の意味構造は，"a：施事孩子们－二項他動詞的点－受事鞭炮；b：当事鞭炮－一項内動詞的着－原因孩子们－時間的局面了"となっている。図 9 は，その図示である。

（11a）と同様に，（11b）の意味構造"a：施事孩子们－二項他動詞的点－受事鞭炮；b：当事鞭炮－一項内動詞的着－原因孩子们－時間的局面了"は，"施事孩子们－二項他動詞的点－受事鞭炮"と"当事鞭炮－一項内動詞的着－時間的局面了"とが図 10（101

98

頁）のような過程を経て合成されるものであると考えられる。

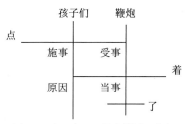

図9　(11b)の意味構造の図示

　合成の過程Ⅰでは，"鞭炮"のさす実体が事態"着"に関与することを，"孩子们"のさす実体が引き起こすので，"孩子们"が原因として事態"着"に接するようになる。Ⅱでは，2つの"鞭炮"が同一の物事なので，1つに結合される。

　(11)の分析に基づいて，結果述補句を含む動詞性主述句(8c)の意味構造は，"a：述語事態主体－述語事態－述語事態客体；b：補語事態主体－補語事態－_{原因}補語事態客体（述語事態主体＝補語事態客体＝主語のさす実体；述語事態客体＝補語事態主体＝目的語のさす実体）"と整理することができると考えられる。図11は，その図示である。

図11　(8c)の結果述補句を含む動詞性主述句の意味構造の図示

第4章

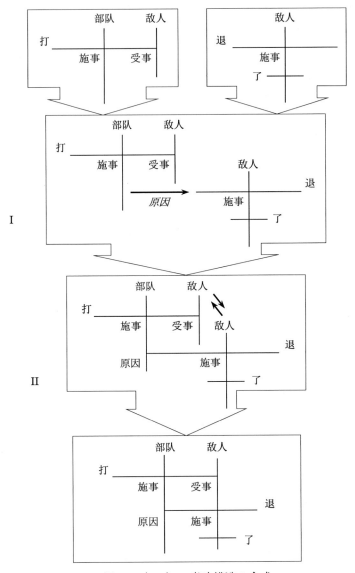

図8　(11a) の意味構造の合成

結果述補句

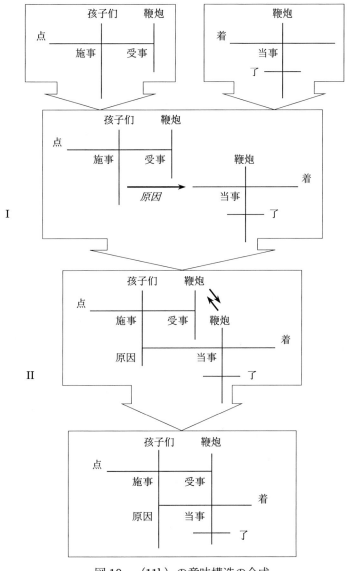

図10　(11b) の意味構造の合成

第4章

3.4　(8d) の意味構造

(8d)

{主語語句} {{{述語動詞性語句} {補語動詞・形容詞性語句}} {目的語語句}}

　(8d) では，主語のさす実体は，述語事態には，主体として関与しているが，主語と目的語のさす実体は，補語事態には，それぞれ客体と主体として関与している。(12) は，(8d) の例である。

(12) a　她 ‖ 哭 〈红〉 了 眼睛

　　　　彼女　泣く　赤い　た　目

　　　（彼女が泣いて目を真っ赤にした）

　　 b　大家 ‖ 笑 〈疼〉 了 肚子

　　　　みんな　笑う　痛む　た　腹

　　　（みんなが笑って腹が痛くなった）

　(12a) では，述語事態 "哭" に "她" のさす実体が主体として関与している。動詞 "哭" が格フレーム "＜1＞施事＋V（一項自動詞）" を持っているので，"她" の深層格は，施事となっている。一方，補語事態 "红" に "眼睛" のさす実体が主体として関与している。"红" が形容詞であるので，"眼睛" の深層格は，当事となっている。

　また，"眼睛" のさす実体が補語事態 "红" に関与することを，"她" のさす実体が引き起こすので，"她" のさす実体が客体として補語事態 "红" にも関与していると考えられる。その深層格は，原因である。

102

よって，(12a)の意味構造は，"a：_{施事}她－_{一項自動詞的}哭；b：_{当事}眼睛－_{形容詞的}紅－_{原因}她－_{時間的局面}了"となっている。図12は，その図示である。

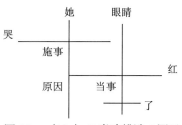

図12　(12a)の意味構造の図示

意味構造"a：_{施事}她－_{一項自動詞的}哭；b：_{当事}眼睛－_{形容詞的}紅－_{原因}她－_{時間的局面}了"は，"_{施事}她－_{一項自動詞的}哭"と"_{当事}眼睛－_{形容詞的}紅－_{時間的局面}了"とが図13（104頁）のような過程を経て合成されるものであると考えられる。

合成の過程Ⅰでは，"眼睛"のさす実体が事態"紅"に関与することを，"她"のさす実体が引き起こすので，"她"が原因として事態"紅"に接するようになる。

(12b)では，述語事態"笑"に"大家"のさす実体が主体として関与している。動詞"笑"が格フレーム"＜1＞施事＋V（一項自動詞）"を持っているので，"大家"の深層格は，施事となっている。一方，補語事態"疼"に"肚子"のさす実体が主体として関与している。"疼"が形容詞であるので，"肚子"の深層格は，当事となっている。

また，"肚子"のさす実体が補語事態"疼"に関与することを，"大家"のさす実体が引き起こすので，"大家"のさす実体が客体として補語事態"疼"にも関与している。その深層格は，原因である。

(12b)の意味構造は，"a：_{施事}大家－_{一項自動詞的}笑；b：_{当事}肚子－_{形容詞的}疼－_{原因}大家－_{時間的局面}了"となっている。図14は，その図示である。

第4章

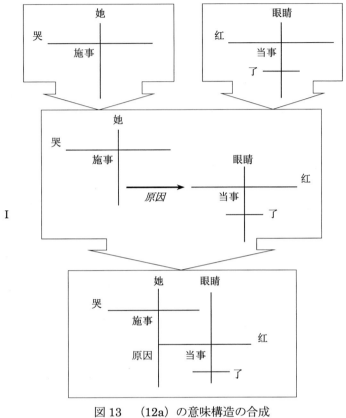

図13 （12a）の意味構造の合成

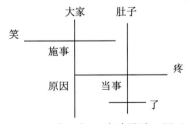

図14 （12b）の意味構造の図示

（12a）と同様に，（12b）の意味構造 "a：施事大家－一項自動詞的笑；b：当事肚子－形容詞的疼－原因大家－時間的局面了" は，"施事大家－一項自動詞的笑" と "当事肚子－形容詞的疼－時間的局面了" とが図15のような過程を経て合成されるものであると考えられる。

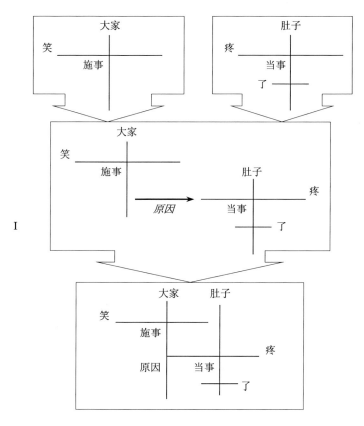

図15 （12b）の意味構造の合成

合成の過程Ⅰでは，"肚子" のさす実体が事態 "疼" に関与することを，

第4章

"大家"のさす実体が引き起こすので，"大家"が原因として事態"疼"に接するようになる。

　（12）の分析に基づいて，結果述補句を含む動詞性主述句（8d）の意味構造は，"a：述語事態主体－述語事態；b：補語事態主体－補語事態－原因補語事態客体 (述語事態主体＝補語事態客体＝主語のさす実体；補語事態主体＝目的語のさす実体)"と整理することができると考えられる。図16は，その図示である。

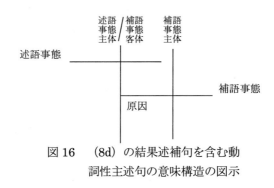

図16　（8d）の結果述補句を含む動詞性主述句の意味構造の図示

3.5　（8e）の意味構造

（8e）では，主語と目的語のさす実体は，述語事態には，それぞれ主体と客体として関与している。補語事態は，述語事態の完成度の高さを語る補助事態である。（13）は，（8e）の例である。

（13）a　爸爸 ‖ 看〈完〉了　报纸

```
       お父さん  読む  し終わる  た  新聞
    （お父さんが新聞を読み終わった）

  b  奶奶 ‖ 做〈好〉了 主食

       おばあさん  作る  し終わる  た  主食
    （おばあさんが主食を作り終えた）
```

　（13a）では，述語事態"看"に"爸爸"と"报纸"のさす実体がそれぞれ主体と客体として関与している。動詞"看"が格フレーム"＜3＞施事＋V＋受事（V＝二項他動詞）"を持っているので，"爸爸"と"报纸"の深層格は，それぞれ施事と受事となっている。一方，補語事態"完"が表すのは，1つのまとまりとして認識されている事態や主体，客体ではなく，述語事態"看"の完成度の高さを語る補助事態である。

　よって，(13a)の意味構造は，"$_{施事}$爸爸ー$_{二項他動詞的}$看ー$_{受事}$报纸ー$_{完成度}$完ー$_{時間的局面}$了"となっている。図17は，その図示である。

図17　（13a）の意味構造の図示

　図17（及び図18と図19）では，長い水平線が述語事態を示し，上の短い水平線が補語事態を示し，中央の垂直線が述語事態の主体を示し，右側

第 4 章

の垂直線が述語事態の客体を示している。下の短い水平線は，"了"の表す補助事態を示している。短い水平線の上下の順序は，語順に従っている。

　(13b) では，述語事態"做"に"奶奶"と"主食"のさす実体がそれぞれ主体と客体として関与している。動詞"做"が格フレーム"＜3＞施事＋V＋受事（V＝二項他動詞）"を持っているので，"奶奶"と"主食"の深層格は，それぞれ施事と受事となっている。一方，補語事態"好"が表すのは，述語事態"做"の完成度の高さを語る補助事態である。

　(13b) の意味構造は，"$_{施事}$奶奶－$_{二項他動詞的}$做－$_{受事}$主食－$_{完成度}$好－$_{時間的局面}$了"となっている。図 18 は，その図示である。

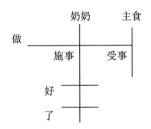

図 18　(13b) の意味構造の図示

　(13) の分析に基づいて，結果述補句を含む動詞性主述句 (8e) の意味構造は，"述語事態主体－述語事態－述語事態客体－$_{完成度}$補語事態（述語事態主体＝主語のさす実体；述語事態客体＝目的語のさす実体）"と整理することができると考えられる。図 19 は，その図示である。

　結果述補句は，文字通り「補語が述語の事態の結果を表す述補句」であるが，その述語と補語（述語事態と補語事態）との関係は，「結果」とは言い切れない。(8a, b, c, d) に含まれている結果述補句の述語事態と補語事態は，連続して起きる事態であり，後者が前者の「結果」だと言えるが，

(8e) に含まれている結果述補句の補語事態は，字面から見れば，述語事態の「し終わる」という「結果」を表すのであるが，実質上「結果」ではなく，述語事態の完成度の高さを語る補助事態だと考えられる。

図19　(8e) の結果述補句を含む動詞性主述句の意味構造の図示

4　まとめ——結果述補句の意味構造

3節で結果述補句を含む動詞性主述句（8a, b, c, d, e）を考察した。ここでは，それらの意味構造，図示を表1（110頁〜112頁）にまとめておく。

表1に示したように，(8a, b, c, d, e) に含まれている結果述補句は，①述語事態と補語事態が同じ主体を共有するもの（(8a, b) に含まれている結果述補句），②述語事態の主体が補語事態の起きる原因であり，補語事態の客体となるもの（(8c, d) に含まれている結果述補句），③補語事態が述語事態の完成度の高さを語る補助事態となるもの（(8e) に含まれている結果述補句），といった3種類に分類することができる。

第4章

表1　結果述補句を含む動詞性主述句（8a, b, c, d, e）の意味構造，及び図示

(8a)

{₍主語₎語句}｛{₍述語₎動詞性語句}｛₍補語₎動詞・形容詞性語句}}

意味構造：a：述語事態主体－述語事態；b：補語事態主体－補語事態（述語事態主体＝補語事態主体＝主語のさす実体）

図示

(8b)

{₍主語₎語句}｛{{₍述語₎動詞性語句}｛₍補語₎動詞・形容詞性語句}}｛₍目的語₎語句}}

意味構造：a：述語事態主体－述語事態－述語事態客体；b：補語事態主体－補語事態－補語事態客体（述語事態主体＝補語事態主体＝主語のさす実体；述語事態客体＝補語事態客体＝目的語のさす実体）

図示

結果述補句

（8c）

{主語語句} {{{述語動詞性語句} {補語動詞・形容詞性語句}} {目的語語句}}

意味構造：a：述語事態主体－述語事態－述語事態客体；b：補語事態主体－補語事態－原因補語事態客体（述語事態主体＝補語事態客体＝主語のさす実体；述語事態客体＝補語事態主体＝目的語のさす実体）

図示

述語　補語　述語　補語
事態　事態　事態　事態
主体　客体　客体　主体

述語事態

補語事態

原因

（8d）

{主語語句} {{{述語動詞性語句} {補語動詞・形容詞性語句}} {目的語語句}}

意味構造：a：述語事態主体－述語事態；b：補語事態主体－補語事態－原因補語事態客体（述語事態主体＝補語事態客体＝主語のさす実体；補語事態主体＝目的語のさす実体）

図示

述語　補語　補語
事態　事態　事態
主体　客体　主体

述語事態

補語事態

原因

第 4 章

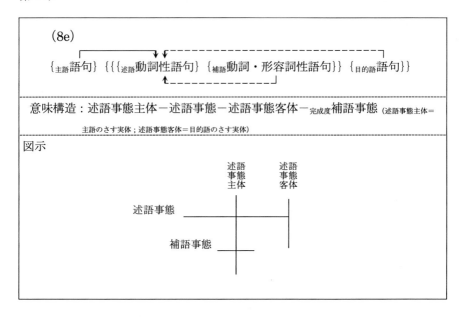

　結果述補句①,②,③の意味構造は,"a:(述語事態主体－)述語事態;b:(補語事態主体－)補語事態 (述語事態主体＝補語事態主体＝主語のさす実体)","a:(述語事態主体－)述語事態;b:補語事態(－原因補語事態客体) (述語事態主体＝補語事態客体＝主語のさす実体)","(述語事態主体－)述語事態－完成度補語事態 (述語事態主体＝主語のさす実体)"となっている。図示すると,図20のようになる(実線部分)。

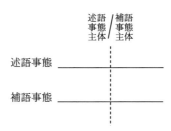

①

結果述補句

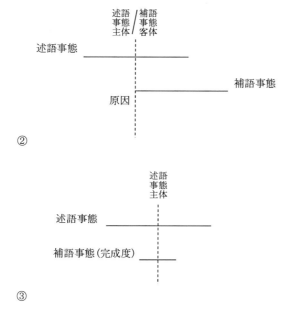

図 20　結果述補句の意味構造の図示

注

[1] 格フレーム "<1>施事+V（V＝一項自動詞）", "<2>当事+V（V＝一項内動詞）", "<3>施事+V+受事（V＝二項他動詞）", "<30>当事+V+客事（V＝二項外動詞）"については，第3章「述目句」の3.2節「格フレームと格フレームのタイプ」を参照されたい。

[2] "了"については，第2章「主述句」の5.3節「一項動詞性主述句と付加成分」を参照されたい。

[3] 第2章「主述句」の4.2節「形容詞性主述句の意味構造と図示」を参照されたい。

あとがき

　本書の目的は，日本語構造伝達文法における構造モデルに基づく新しい図示法を使って中国語の句の意味構造を考察することにある。これは，日本語構造伝達文法の中国語への適用を試みることを意味する。

　本書の各章は，既発表の論文を，1 冊にまとめるために大幅に書き改めたものである。各章とその元になった論文を以下に記しておく。

　　第 1 章

　　　　「日本語構造伝達文法の中国語への適用―予備的考察―」(『大学院論文集』，第 9 号，杏林大学大学院国際協力研究科，2012 年)

　　第 2 章

　　　　「日本語構造伝達文法の中国語への適用―主述句の記述的研究―」(『言語と交流』，第 15 号，言語と交流研究会，2012 年)

　　第 3 章

　　　　「日本語構造伝達文法の中国語への適用―述目句の研究―」(『大学院論文集』，第 10 号，杏林大学大学院国際協力研究科，2013 年)

　　第 4 章

　　　　「日本語構造伝達文法の中国語への適用―結果述補句の研究―」(『言語と交流』，第 16 号，言語と交流研究会，2013 年)

日本語構造伝達文法の基礎になっている構造モデルを取り入れ，中国語の

115

文の土台である句の意味構造を考察することは，まさしく未知の土地を開拓する作業であり，困難を伴う。基本概念を見直したり用語を吟味したりし，試行錯誤を繰り返してきた。2011年に「日本語構造伝達文法の中国語への適用—予備的考察—」を書き始めて以来，5年近くをかけてここまで来ることができた。

　日本語構造伝達文法を提唱した今泉喜一先生は，筆者の恩師でもある。先生のおかげで，筆者は，ことばの研究の世界に入ることができ，研究の仕事に携わることができるようになった。中国語には"大恩不谢"（大恩は謝せず）ということわざがあるけれども，私は，本書をもって先生の恩に少しでも報いたいと思う。

2015年11月

＜付記＞

　本書は，2014年度浙江工業大学人文社会科学研究基金重点項目「日本語構造伝達文法と中国語の句の研究」の成果である。

参考文献

今泉喜一（1995）「日本語構造伝達文法・序論」『杏林大学外国語学部紀要』第7号

今泉喜一（2000）『日本語構造伝達文法』揺籃社

今泉喜一（2003）『日本語構造伝達文法 発展A』揺籃社

今泉喜一（2005）『日本語構造伝達文法 改訂05年版』揺籃社

今泉喜一（2009）『日本語態構造の研究 －日本語構造伝達文法・発展Ｂ－』晃洋書房

今泉喜一（2012）『日本語構造伝達文法 改訂12年版』揺籃社

今泉喜一（2014）『主語と時相と活用と－日本語構造伝達文法・発展Ｃ－』揺籃社

蒋家義（2012a）「日本語構造伝達文法の中国語への適用—予備的考察—」『大学院論文集』（杏林大学大学院国際協力研究科）第9号

蒋家義（2012b）「日本語構造伝達文法の中国語への適用—主述句の記述的研究—」『言語と交流』（言語と交流研究会）第15号

蒋家義（2013a）「日本語構造伝達文法の中国語への適用—述目句の研究—」『大学院論文集』（杏林大学大学院国際協力研究科）第10号

蒋家義（2013b）「日本語構造伝達文法の中国語への適用—結果述補句の研究—」『言語と交流』（言語と交流研究会）第16号

角田太作（2009）『世界の言語と日本語 改訂版』くろしお出版

鳥井克之（2008）『中国語教学（教育・学習）文法辞典』東方書店

村木新次郎（1991）『日本語動詞の諸相』 ひつじ書房

北京语言大学汉语水平考试中心（编）(2000) 《HSK 中国汉语水平考试词汇大纲汉
　　语 8000 词词典》 北京语言大学出版社

陈昌来（2002）《二十世纪的汉语语法学》 书海出版社

陈立民（1998）《论汉语格分类的标准》《语言研究》(华中科技大学) 第 18 卷第 2
　　期

陈炜芳（2007）《汉日介词系统的对比研究》 上海外国语大学硕士学位论文

傅雨贤（1994）《现代汉语语法学（增订本）》 广东高等教育出版社

贾彦德（1992）《汉语语义学》 北京大学出版社

黎锦熙（1924）《新著国语文法》 商务印书馆

李行健（2014）《现代汉语规范词典（第 3 版）》 外语教学与研究出版社

林杏光, 王玲玲, 孙德金（主编）(1994)《（人机通用）现代汉语动词大词典》 北京
　　语言学院出版社

刘顺（2005）《现代汉语格的层级系统及其分类描写》《绥化学院学报》(绥化学院)
　　第 25 卷第 1 期

刘月华, 潘文娱, 故韡（2001）《实用现代汉语语法（增订本）》 商务印书馆

鲁川, 林杏光（1989）《现代汉语语法的格关系》《汉语学习》(延边大学) 第 5 期

鲁川, 王玲玲（编）(1994)《动词大词典（人机通用）》 中国物资出版社

罗竹风（主编）(1990)《汉语大词典（第六卷）》 汉语大词典出版社

孟琮, 郑怀德, 孟庆海, 蔡文兰（编）(1999)《汉语动词用法词典》 商务印书馆

商务印书馆辞书研究中心（编）(2000)《古今汉语词典》 商务印书馆

商务印书馆辞书研究中心（编）(2007)《商务馆学汉语词典（双色本）》 商务印书馆

邵敬敏（2006）《汉语语法学史稿（修订本）》 商务印书馆

邵敬敏, 任芝锳, 李家树, 税昌锡, 吴立红（2009）《汉语语法专题研究（增订本）》北

京大学出版社

史有为（1992）《"格素"论要》 《语法研究和探索（六）》 中国语文杂志社（编）
语文出版社

中国社会科学院语言研究所词典编辑室（编）(2012)《现代汉语词典（第 6 版)》 商
务印书馆

索　引

【事項】

あ

アスペクト　14, 16, 18, 19, 20, 22, 48

新しい図示法　1, 13, 21, 22, 23

一項自動詞　46-49, 51, 53, 61, 92, 97, 98, 102, 103, 105, 113

一項自動詞的事態　46, 47, 49, 51

一項動詞　45, 61

一項動詞性主述句　27, 42, 45-50, 52, 113

一項内動詞　42, 46-50, 53, 61, 91, 98, 113

一項内動詞的事態　42, 46, 47, 49, 50

意味関係　55, 57, 58

意味構造　21, 23, 27, 32, 37, 39, 40, 41, 43, 44, 45, 47-53, 55, 70-75, 77-82, 85, 89-110, 112, 113

か

格フレーム　53, 55, 58, 60-69, 72, 74, 75, 77, 78, 80, 81, 91, 92, 94, 95, 97, 98, 102, 103, 107, 108, 113

完成度　106-109, 112

関与　85, 89-99, 102, 103, 105-108

基本語順　70, 84

客体　17, 18, 19, 22, 32, 33, 34, 39, 40, 42, 44, 46, 49, 50, 51, 53, 57, 59-63, 65, 67, 71, 72, 73, 75, 76, 78, 79, 81, 93-98, 102, 103, 106-109

繋辞　37, 66

系属的事態　39, 40

形容詞　2, 22, 29, 42, 43, 45, 50, 92, 102, 103, 105

形容詞性主述句　27, 29, 30, 42-45, 52, 113

形容詞的事態　42, 43, 45

結果述補句　8, 45, 85, 88, 89, 90, 92, 93, 95, 96, 99, 106, 108, 109, 110, 112, 113

121

合成　98-101, 103, 104, 105

構造モデル　1, 13, 16-19, 21, 22, 23

交点　18, 19, 40, 43, 47, 72

さ

三項他動詞　67, 68

三項動詞　67

時間的局面　48, 49, 91, 92, 94, 95, 98, 103, 105, 107, 108

事態　2, 19-22, 32, 35, 36, 37, 42, 44, 48, 49, 50, 51, 53, 57-63, 65, 67, 70, 71, 86, 89, 97, 98, 99, 103, 105-108

事態の成立　22, 58, 59

実体　17, 18, 22, 32, 36, 39, 40, 42, 43, 46, 47, 50, 51, 55, 58, 59, 70, 72, 73, 78, 79, 81, 85, 89-99, 102, 103, 105-108, 112

自発的　33, 46, 47, 57, 59-63, 67, 71, 72, 92, 94

主語　3, 4, 8, 9, 10, 16, 24, 28, 29, 30, 31, 36, 37, 39, 40, 42-47, 49, 50, 51, 53, 70, 72, 73, 75, 76, 78, 79, 81, 84, 89, 90, 91, 93, 96, 99, 102, 106, 108, 112

主述句　23, 24, 27, 28, 29, 31, 32, 52, 85, 113

主体　17, 18, 19, 22, 32, 33, 34, 39, 40, 42-51, 53, 57, 59, 68, 71, 72, 73, 75, 76, 78, 79, 81, 90-98, 102, 103, 106, 107, 108, 109

「主題－解説」構造　1, 5, 6, 13, 21, 25

述語　2, 3, 8, 9, 10, 12, 22, 23, 24, 28-32, 36, 37, 39, 40, 42-47, 49-52, 55-58, 70, 72, 73, 75, 76, 78, 79, 81, 84, 86, 89, 90, 91, 93, 95, 96, 102, 106, 108

述語事態　85, 89-99, 102, 103, 106-109, 112

述語事態客体　95, 96, 99, 108

述語事態主体　92, 95, 96, 99, 106, 108, 112

述語部分　8, 9, 24, 28, 29, 31, 37, 45, 47, 53

述補句　23, 32, 45, 85, 86, 88, 108

述目句　23, 24, 32, 37, 45, 53, 55, 56, 57, 70, 80, 81, 82, 84, 85, 89, 113

状態　22, 31, 33, 36, 39, 42, 46, 47, 57, 59, 71, 91, 92

深層格　1-7, 13, 18, 19, 21, 22, 25, 27, 32, 33, 36, 39, 40, 42, 43, 45, 47,

48, 50, 51, 53, 55, 58, 59, 61, 70, 72, 73, 75, 76, 78, 79, 91, 92, 94, 95, 97, 98, 102, 103, 107, 108

垂直線　17, 18, 19, 40, 43, 47, 51, 72, 91, 95, 107, 108

水平線　17,18, 19, 40, 43, 45, 47, 49, 51, 72, 91, 95, 107, 108

接点　18, 40, 51, 72

前置詞　3, 5, 7, 50, 51, 64, 66, 67, 68, 84

属性　17, 18, 19, 22

た

第1レベル　2, 6, 25

体言性　29, 36

体言性主述句　27, 28, 29, 36, 37, 39, 40, 52

第3レベル　3, 6, 25

第2レベル　2, 6, 25

第4レベル　5, 6, 25

程度　44, 45, 50, 86

動作　22, 31, 33, 36, 39, 42, 46, 47, 57, 59, 71, 91, 92, 94

動詞　2, 22, 24, 31, 33, 42, 45, 48, 53, 58, 60, 61, 64, 68, 69, 70, 84, 91, 92, 94, 95, 97, 98, 102, 103, 107,

108

動詞性主述句　27, 29, 31, 45, 47, 52, 84, 85, 89, 90, 92, 93, 95, 96, 99, 106, 108, 109, 110

な

二項外動詞　64, 65, 68, 71, 77, 78, 94, 95, 113

二項外動詞的事態　78

二項系属動詞　37, 39, 40, 53, 66

二項自動詞　63, 68, 70, 71, 75, 76, 77

二項自動詞的事態　75, 76

二項他動詞　62, 68, 69, 71, 72, 73, 94, 95, 97, 98, 107, 108, 113

二項他動詞的事態　72, 73, 81

二項動詞　37, 55, 60-63, 65, 66, 70-81, 84

二項動詞性主述句　37, 39, 55, 70-82

二項内動詞　65, 68, 71, 79

二項内動詞的事態　79

二項領属動詞　66, 68

日本語構造伝達文法　1, 13, 14, 16, 21, 22, 23

日本語構造伝達文法の基礎　1, 16

任意格　59, 60

123

は

配列　69, 70, 72, 73, 75, 76, 78, 79

非自発的　33, 39, 42, 46, 61, 65, 71, 78, 91, 94

必須格　58, 59, 60, 68, 69, 70, 84

必須の実体　22, 39, 42, 46, 58, 59

非必須の実体　22, 58, 59

表層格　1-7, 13, 21, 22, 25

付加成分　48, 49, 50, 113

文の成分　1, 3-6, 8, 9, 12, 13, 25

文の4つのレベル　1, 2, 8

補語　8, 9, 10, 23, 45, 84, 86, 88, 89, 90, 91, 93, 95, 96, 102, 106, 108

補語事態　85, 89-99, 102, 103, 106-109, 112

補語事態客体　96, 99, 106, 112

補語事態主体　92, 93, 95, 96, 99, 106, 112

補助事態　22, 44, 45, 49, 50, 51, 53, 89, 91, 95, 106, 107, 108, 109

補助属性　18, 19, 22

本当の述語　37, 40

ま

見かけの述語　36, 37, 39, 40

無標　7, 37, 39, 40

目的語　8, 9, 10, 24, 37, 39, 45, 55-58, 70, 72, 73, 75, 76, 78, 79, 81, 84, 89, 90, 93, 96, 99, 102, 106, 108

や

役割　2, 22, 32, 39, 42, 43, 46, 47, 51, 58

有標　7, 37

ら

連用修飾語　8, 9, 12, 23, 44, 45, 50, 51, 53, 84

【深層格】

施事　33, 46-49, 51, 57, 59, 60, 68-73, 75, 76, 77, 81, 84, 92, 94, 95, 97, 98, 102, 103, 105, 107, 108

当事　33, 39, 40, 42, 43, 45-50, 71, 78, 79, 91, 92, 94, 95, 98, 102, 103, 105

領事　33, 34

受事　33, 57, 59, 60, 68, 69, 71, 72, 81, 94, 95, 97, 98, 107, 108

客事　33, 71, 78, 94, 95

結果　34, 57, 71, 73

与事　34, 57

同事　34

基準　34

系事　34, 39, 40, 57, 68, 69

分事　34

数量　34

工具　35, 57, 59, 60, 71, 75

材料　35

方式　35, 57, 71, 76, 77

範囲　35

時間　35, 57, 59, 60

処所　35, 51, 57, 59, 60, 70, 71, 79, 84

方向　36

依拠　36

原因　36, 97, 98, 99, 102, 103, 105, 106, 112

目的　36, 57

【格フレーム】

＜1＞施事＋V　61, 92, 97, 102, 103, 113

＜2＞当事＋V　61, 91, 98, 113

＜3＞施事＋V＋受事　62, 70, 71, 72, 81, 94, 95, 97, 98, 107, 108, 113

＜4＞施事＋V＋結果　62, 71, 73, 74

＜5＞施事＋V＋受事または系事　62, 68, 69

＜6＞施事＋V＋受事または工具　62

＜7＞施事＋V＋処所または受事　62

＜8＞施事＋V＋受事または方向　62

＜9＞施事＋V＋受事または範囲　62

＜10＞施事＋V＋受事または結果　62

＜11＞施事＋V＋受事または処所　63

＜12＞施事＋V＋受事または目的　63

＜13＞施事＋V＋受事または与事　63

＜14＞施事＋V＋同事　63

＜15＞施事＋V＋原因　63

＜16＞施事＋V＋与事　63

＜17＞施事＋V＋系事　63

＜18＞施事＋V＋目的　63

＜19＞施事＋V＋依拠　64

＜20＞施事＋工具＋V　64, 84

＜21＞施事＋V＋工具　64, 75

＜22＞施事＋V＋時間　64

＜23＞施事＋V＋方式　64, 71, 76, 77

＜24＞施事＋V＋範囲　64

＜25＞施事＋V＋処所　64, 70

＜26＞施事＋V＋処所または時間　64, 68

＜27＞処所＋V＋施事　64

＜28＞当事＋V＋受事　65

＜29＞当事＋V＋結果　65

＜30＞当事＋V＋客事　65, 71, 77, 78, 94, 95, 113

＜31＞当事＋V＋客事または処所　65, 68

＜32＞処所＋V＋客事　65

＜33＞当事＋V＋範囲　65

＜34＞当事＋V＋工具　65

＜35＞当事＋V＋数量　65

＜36＞当事＋V＋処所　66

＜37＞処所＋V＋当事　66, 71, 79, 80

＜38＞時間または処所＋V＋当事　66, 68

＜39＞領事＋V＋客事　66

＜40＞領事＋V＋分事　66

＜41＞領事＋V＋客事または分事　66, 68

＜42＞客事＋V＋領事　66

＜43＞分事＋V＋領事　66

＜44＞当事＋V＋客事　67

＜45＞当事＋V＋系事　67

＜46＞施事＋V＋与事＋受事　67

＜47＞施事＋V＋受事＋与事　67

＜48＞施事＋与事＋V＋受事　67

＜49＞施事＋V＋受事＋系事　67

＜50＞施事＋V＋受事＋範囲　67

＜51＞施事＋受事＋V＋材料または工
　　具　67, 68

＜52＞施事＋V＋与事＋結果　68

＜53＞施事＋同事＋V＋結果　68

蒋　家　義

1979年　中国江蘇省蘇州市生まれ
2011年　杏林大学大学院国際協力研究科博士後期課程修了，
　　　　博士（学術）
現在，浙江工業大学外国語学院特任准教授
E-mail：shoukagi@yahoo. co. jp

中国語の句の意味構造　日本語構造伝達文法の適用

2015年12月20日　印刷
2015年12月30日　発行

著者　蒋　家　義

発行　揺　籃　社
　　　〒192-0056　東京都八王子市追分町10-4-101
　　　TEL 042-620-2615　　FAX 042-620-2616

ISBN978-4-89708-360-5 C3087　　乱丁・落丁本はお取替えいたします